Bildnachweis

iStockphoto.com/THEPALMER: Coverbild, Seite 4 u., 49
iStockphoto.com: Seite 4 o., 8, 12 li., 15, 16, 18, 20, 22, 25, 26, 28,
Hintergrundillustrationen
fotolia.de: Seite 11, 12 re., 13, 17, 19, 21, 31, 33
dreamstime.com: Seite 23, 30, 32
GUSTO/Eisenhut & Mayer: Seite 4 Mi., 5 u., 7 o., 41 (und Umschlagrückseite), 51, 67, 103
GUSTO/Stefan Liewehr: Seite 5 o., 45, 63, 71
GUSTO/Theresa Schrems: Seite 7 u., 57 (und Umschlagrückseite), 75, 77, 95, 107
(und Umschlagrückseite), 113, 117 (und Umschlagrückseite), 121, 125,
Autorenfoto Christine Egger
GUSTO/Ulrike Köb: Seite 6, 81, 85, 87, 91
Robert Saringer: Autorenfoto Ulli Goschler

Impressum

Copyright:	Kneipp-Verlag GmbH und Co KG
	Lobkowitzplatz 1, A-1010 Wien
	www.kneippverlag.com
	www.facebook.com/KneippVerlagWien
	ISBN: 978-3-7088-0595-5
Autorinnen:	Christine Egger, Ulli Goschler
Lektorat:	Anke Weber, Eva Manhardt
Umschlaggestaltung:	Christian Graf-Simpson
Art Direction/DTP:	Werner Weißhappl, plan_w
Druck:	Theiss GmbH, A-9431 St. Stefan
	Printed in Austria
	1. Auflage, Oktober 2013

Christine Egger
Ulli Goschler

anders backen

Gesunde Alternativen zu Weißmehl
und weißem Zucker

Inhaltsverzeichnis

Für zwischendurch: Strudel und Kuchen

Inhaltsverzeichnis

Aus Pfanne und Ofen: warme Süßspeisen

Für besinnliche Stunden: Desserts und Weihnachtsbäckerei

8

Anders backen –
das süße Leben genießen

Der süße Geschmack hat stets eine große Anziehung auf uns Menschen ausgeübt. Wir verbinden ihn mit den „süßen Seiten" des Lebens, mit Geborgenheit, Glücksempfinden und Zufriedenheit. „Man gönnt sich ja sonst nichts" ist ein Spruch, der uns häufig als Motivation dient, zu Süßem zu greifen. Süßes dient als Belohnung.

Richtig süßen – die Mitte stärken

Ganzheitliche Ernährungstheorien wie die Traditionelle Chinesische Medizin (TCM) setzen sich seit Jahrtausenden mit der Wirkung von Geschmäckern auseinander. Gerade der süße Geschmack nimmt in der Ernährungslehre der TCM einen wesentlichen Platz ein. Er ist in diesem System den Organen Magen und Milz zugeordnet, die eine zentrale Rolle für sämtliche Verdauungsprozesse im Körper spielen und auch „die Mitte" genannt werden. Der süße Geschmack wirkt positiv auf Magen und Milz und stärkt so unsere Mitte. Lust auf Süßes zeigt an, dass Milz und Magen gestärkt werden wollen.

Weißen Zucker und Weißmehl meiden

Warum aber dürfen wir dann unsere Lust auf Süßes nicht einfach ungestraft befriedigen und Milchschokolade und Zuckerlimonaden in rauen Mengen zu uns nehmen? Wenn unser Körper schon Lust auf Süßes signalisiert, dann kann er doch nicht falsch liegen. Tut er auch nicht – bloß unsere Interpretation dieses Wunsches ist meist die falsche. Unser Körper verlangt nämlich nicht nach weißem Industriezucker und ausgemahlenen Weizenmehlprodukten. Er sehnt sich nach der natürlichen Süße, wie sie in sonnengereiftem Obst, Karotten, Rüben und Kürbissen, in vollwertigem Getreide oder auch in natürlichen Süßungsmitteln wie Honig, in Nüssen und Samen oder auch in manchem Kraut vorkommt. Denn diese Süße ist verbunden mit einer Vielzahl von Spurenelementen, Vitaminen, Ballaststoffen und anderen Vitalstoffen, die auch wichtige Funktionen bei der Verstoffwechselung von Kohlenhydraten – also Zucker – haben. All diese Begleitstoffe fehlen bei weißem Industriezucker und Auszugsmehlen von hochgezüchtetem Getreide, vor allem dem Weizen.

Die Liste der negativen Folgen bei zu hohem Zucker- und Weizenkonsum ist lang: In erster Linie ist Industriezucker ein großer Kalziumräuber und daher schlecht für Zähne und Knochen. Aber auch diverse Stoffwechselvorgänge sind beeinträchtigt, wenn zu wenig Kalzium vorhanden ist. Darunter leiden Körper und Geist: Candida-Pilzinfektionen, Verdauungsstörungen, Antriebslosigkeit, Heißhungerattacken, Konzentrationsschwäche, erhöhter Blutzuckerspiegel, Nahrungsmittelunverträglichkeiten, Diabetes oder sogar Depressionen können die Folge sein.

Achtung: Weißer Zucker macht schlapp und depressiv!

Gute Fette – böse Fette

Ein wichtiger Aspekt, wenn wir von Backwaren und Süßigkeiten reden, ist auch das Thema Fett. Lange Zeit war das Fett undifferenziert verteufelt worden. In der Zwischenzeit hat man erkannt, dass Fett nicht gleich Fett ist.

Auch hier gilt wieder: Was industriell mit hohem Energieaufwand und unter Zuhilfenahme von chemischen Lösungsmitteln hergestellt wird, ist unserem Körper meist wenig zuträglich.

Zu den ungesunden Fetten gehören gehärtete oder teilgehärtete Fette, Margarine, raffinierte Öle, überhitzte oder ranzige Fette und sogenannte Transfette – diese entstehen bei der Härtung von Pflanzenölen und werden in der Zwischenzeit für allerhand Herz-Kreislauf-Erkrankungen verantwortlich gemacht. Transfette findet man häufig in industriell hergestellten Keksen und Backwaren.

Kalt gepresste – mit mechanischen Mitteln gewonnene – Öle wie hochwertiges Olivenöl extra vergine sowie andere wertvolle Öle aus Samen oder Kernen (Sesamöl, Hanföl, Sonnenblumenöl, Traubenkernöl, Walnussöl etc.) sind unserer Gesundheit wesentlich besser zuträglich.

Auch naturreines, kalt gepresstes Bio-Kokosfett gilt als wertvolles Fett, das aufgrund seines hohen Rauchpunktes sogar zum Frittieren gut geeignet ist. Der Anteil von rund 45 Prozent Laurinsäure, der viele gesunde Eigenschaften nachgesagt werden, kann uns wertvolle Dienste leisten.

Selbst Butter und Butterschmalz liefern aus ganzheitlicher und ernährungsphysiologischer Sicht einen wesentlich wertvolleren Beitrag zu einer gesunden Ernährung als ihre Äquivalente aus dem Chemielabor.

Ganz im Gegenteil zur lange vorherrschenden Meinung, dass Fett im Allgemeinen ungesund sei, weiß man heute – nach dem Rückgang des Light- und Fettfrei-Hypes –, dass hochwertige Fette sogar wesentlich zu unserer Gesunderhaltung beitragen: Fettlösliche Vitamine, wie die Vitamine A, D, E und K, benötigen beispielsweise Fett, um überhaupt aufgenommen zu werden. Auch eine Reihe von hormonellen und enzymatischen Vorgängen unseres Körpers, sind auf die Zufuhr von hochwertigen Fetten angewiesen. Fett ist zudem ein Geschmacksträger und Sattmacher, es verringert Schwankungen unseres Blutzuckerspiegels und ist für das Funktionieren unseres Gehirns von Bedeutung.

Die Menge und Qualität der Fette bestimmen, ob wir uns Gutes tun oder unsere Gesundheit mit Füßen treten. Naturgemäß ist ein Zuviel an Fetten nicht gesund – das gilt ohnehin für so gut wie alles. „Die Dosis macht das Gift", sagte schon Paracelsus.

Eier und Cholesterin – die Cholesterin-Lüge

Eine Zeit lang wurde propagiert, dass der Konsum von Eiern schlecht für unseren Cholesterinspiegel und für unsere Gesundheit sein soll. In der Zwischenzeit wird hier durchaus differenzierter argumentiert. Nicht das Cholesterin, das natürlich in Lebensmitteln wie Eiern oder Milchprodukten vorkommt, sei das Problem, sondern oxidiertes Cholesterin, das vor allem in Volleipulver, Vollmilchpulver, geriebenem Käse, diversen Backwaren, Keksen und Kuchen vorkommt, kann schädliche Auswirkungen auf unsere Gesundheit haben. Wieder einmal sei hier also vor dem Genuss industriell hergestellter Produkte gewarnt.

Die Vielfalt der Getreidesorten (wieder-)entdecken

Mit der richtigen Auswahl hochwertiger Grundzutaten können auch Kuchen oder Torten zu vollwertigen und wertvollen Mahlzeiten werden. In den meisten Bäckereien oder den Regalen der Süß- und Backwarenabteilungen der Supermärkte sind heute jedoch fast ausschließlich Produkte aus hochgezüchtetem, weißem, ausgemahlenem Weichweizen zu finden. Als gäbe es auf der Welt kein anderes Getreide mehr! Wir haben im Zuge der Industrialisierung völlig verlernt, welche Vielfalt an Getreide und getreideähnlichen Pflanzen die Natur hervorbringt. Gehen Sie auf Entdeckungsreise und suchen Sie Alternativen!

Weizen und Weißmehl

Weizen gehört zur Pflanzenart der Süßgräser und seine Früchte werden botanisch als „einsamige Schließfrüchte" bezeichnet. Der bekannteste und verbreitetste Vertreter seiner Gattung ist der Weichweizen. Zur Weizenfamilie gehören aber auch Dinkel, Emmer, Einkorn und Kamut.

Weizen ist eine der ältesten Getreidesorten und entstand ca. 7000 v. Chr. durch die Kreuzung von Emmer und Ziegengras. Er ist die weltweit am meisten verbreitete Getreideart und wird vorrangig für die Brot- und Gebäckerzeugung sowie zur Herstellung von Malz und als Tierfuttermittel produziert. Um Erträge und Gewinne zu steigern, wurde der Weizen im letzten Jahrhundert enorm hochgezüchtet und so verändert, dass er den Anforderungen maschineller Ernten im großen Stil ebenso gerecht wurde wie den Anforderungen der Lebensmittelindustrie. Ein sehr hoher Anteil an Klebereiweiß sorgt für die optimalen Voraussetzungen für eine industrielle Verarbeitung.

Weizen oder Weißmehl ist heute in sehr vielen Lebensmitteln enthalten: von Brot, Gebäck, Süßwaren über Wurstwaren, Aufstriche, Fertiggerichte bis hin zu Tiefkühlgemüse, Saucen und Fertigsuppen. Mit dem erhöhten Konsum an industriell kultivierten Weizenprodukten steigt auch die Anzahl jener Menschen, die diese Produkte nicht mehr vertragen. Kritische Stimmen mehren sich, dass der Konsum von hochgezüchtetem Weizen unserer Gesundheit wenig zuträglich und für eine Vielzahl von Erkrankungen mitverantwortlich ist.

Buchweizen

Buchweizen gehört zur Familie der Knöterichgewächse und zählt zu den sogenannten „Pseudogetreiden". Aufgrund seiner gesundheitsfördernden Eigenschaften wurde er 1999 in Deutschland sogar zur Arzneipflanze des Jahres gewählt. Buchweizen ist reich an Eiweiß und wird häufig als blutzucker- und blutdrucksenkend beschrieben. Vor allem sein Rutin-Gehalt wird als großer Gesundheitsvorteil erachtet. Buchweizen ist glutenfrei und daher für Menschen mit Glutenunverträglichkeit geeignet.

Dinkel

Die Verwendung und der Gesundheitswert von Dinkel haben durch die Verbreitung der Lehren von Hildegard von Bingen, der heilkundigen Äbtissin und Ärztin aus dem 12. Jahrhundert, enorm an Bedeutung gewonnen. Dinkel wurde wie Einkorn und Emmer durch die weitverbreitete Kultivierung von Weich-

weizen nahezu verdrängt, erfährt nun aber seit geraumer Zeit wieder einen Aufschwung. Dinkel ist ein sehr robustes und genügsames Getreide und gedeiht daher auch in klimatisch raueren Gegenden und auf kargen Böden. Er benötigt kaum Düngung und ist daher vor allem in der biologischen Landwirtschaft sehr beliebt. Dinkel wird heute wieder vermehrt in der Schweiz, in Schwaben, im österreichischen Alpenraum und im Waldviertel kultiviert.

Das preiswerte Getreide hat einen hohen Eiweißanteil, enthält wertvolle komplexe Kohlenhydrate, jede Menge Ballaststoffe sowie Vitamine und Spurenelemente, besonders Magnesium. Laut Hildegard von Bingen bereitet er seinen Konsumentinnen und Konsumenten „rechtes Fleisch und Blut und macht die Sinne froh". Auch die Zusammensetzung seiner Fettsäuren macht den Dinkel zu einem besonders wertvollen Getreide.

Einkorn

Einkorn ist eine Urform des Weizens, die bereits in der Jungsteinzeit mit einwandernden Ackerbauern nach Europa gelangt ist. Bis ins Hochmittelalter war Einkorn im alpenländischen Raum eine der Hauptgetreidearten.

Einkorn hat einen charakteristisch cremig-nussigen Geschmack. Eine seiner ernährungsphysiologischen Besonderheiten ist ein sehr hoher Anteil an Gelbpigmenten, die eine Vorstufe der Carotinoide darstellen. Diese wirken immunstärkend, krebsvorbeugend und stärken unsere Sehkraft.

Als Einkornreis kommt es für Aufläufe und Laibchen gerne zum Einsatz. Einkornmehl ist besonders für die Herstellung von Palatschinken, Kuchen und Brot geeignet. Für die Zubereitung von Germteig (Hefeteig) und Keksen mit Einkornmehl brauchen Sie ein wenig Geduld und Übung. Als Bindemittel eignet sich Einkornmehl weniger – für süße Knödel beispielsweise sollten Sie auf andere Mehle zurückgreifen.

Emmer

Emmer wird vor allem in Italien, aber auch im Alpenraum und restlichen Europa kultiviert. Er beeindruckt durch sein farbenprächtiges Erscheinungsbild, da seine Ähren in weißen, blauen, roten, braunen oder schwarzen Formen vorkommen. Emmer hat einen feinwürzigen Geschmack und eine große Quellfähigkeit. Emmer ist reich an Mineralstoffen und Eiweiß. Emmermehl ist geeignet für Mürbteig, Nudeln, Brot und Gebäck.

Emmer weist einen hohen Gehalt an Zink, Eisen und Kupfer auf, ist sehr eiweißreich und hat einen hohen Gehalt an essentiellen Aminosäuren.

13

Guarkernmehl

Guarkernmehl ist ein Verdickungsmittel, das aus den Samen der Guarbohne gewonnen wird und aufgrund seiner gelierenden Wirkung auch in der Lebensmittelindustrie als natürlicher Zusatzstoff gerne verwendet wird. Es ist auch unter dem Begriff E 412 in den unterschiedlichen Lebensmitteln enthalten. Guarkernmehl darf Bio-Produkten beigemischt werden.

Guarkernmehl sollte nur in geringen Dosen verwendet werden, da es enorm viel Flüssigkeit bindet und in größeren Mengen daher zu Verstopfung und Bauchschmerzen führen kann. In geringen Mengen jedoch ist es eine gute Hilfe beim Backen, wenn wir mit glutenfreien Zutaten arbeiten. Hier kann es die fehlenden Klebereigenschaften gut ausgleichen.

Achtung: Vorsichtig sollten Menschen sein, die unter Soja-Allergien leiden. Sie vertragen Guarkernmehl meist schlecht.

Hafer

Hafer ist ballaststoff-, eiweiß- und fettreich und in einer gesunden Küche ein wertvoller Bestandteil. Er zeichnet sich durch einen hohen Gehalt an Vitaminen, Spurenelementen und ungesättigten Fettsäuren aus. Das Getreide liefert zudem wichtige Mineralstoffe, unter anderem Magnesium, Eisen, Phosphor, Kupfer, Zink und Mangan. Hafer wird vorzugsweise in Form von Haferflocken verwendet. Zum Backen eignet sich Hafer vor allem in Kombination mit anderen Getreiden, da er selbst kein Klebereiweiß enthält.

Hirse

Hirse ist ein besonders nährstoffreiches Lebensmittel. Sie kann mit einem hohen Mineralstoffgehalt auftrumpfen und zählt zu den basenbildenden Getreidesorten. Hirse enthält viel Kieselsäure, die Haare, Nägel und Bindegewebe festigt. Auch ihr Eisengehalt ist erwähnenswert, daher ist Hirse hilfreich beim Blutaufbau.

Als glutenfreies Getreide ist Hirse auch für Menschen mit Glutenunverträglichkeit eine willkommene und schmackhafte Alternative. Hirse enthält selbst keine Klebereigenschaften, ist aber als Beigabe zu anderen Getreidesorten geeignet.

Neben der weit verbreiteten Goldhirse ist auch die Braunhirse erwähnenswert. Diese hat ebenfalls eine hohe Konzentration an Spurenelementen und Mineralstoffen und viele gesundheitsfördernde Vorteile aufzuweisen.

Achtung: Vor einem übermäßigen und regelmäßigen Verzehr von großen Mengen Braunhirse wird allerdings abgeraten, da in der ungegarten Schale ein hoher Blausäuregehalt nachweisbar ist.

Reis

Auch mit Reis und Reismehl kann die alternative süße Küche bereichert werden. Reismehl enthält keine Gluten und hat daher keine klebenden Eigenschaften. Beim Verarbeiten zu Kuchen und dergleichen muss also entweder mit anderen Getreiden kombiniert oder auf alternative Klebemittel wie Johannisbrotkernmehl (siehe Seite 23) oder Guarkernmehl zurückgegriffen werden.

In der süßen Küche eignet sich Reismehl vor allem zum Binden, z. B. von Puddings. Gekochter Reis kann zudem für diverse Süßspeisen und Desserts wie Cremen, Reisbreie und Aufläufe verwendet werden.

Reis ist eines der wertvollsten Getreide und in einer gesunden Küche ein sehr wesentlicher Bestandteil. Ungeschälter Naturreis enthält in seinem Silberhäutchen und im Keim u. a. die Vitamine B_1, B_2 sowie Niacin und Eisen.

Speisestärke

Speisestärke wird in unseren Breiten vor allem aus Mais (Maizena), Kartoffeln oder Reis gewonnen und ist ebenfalls zum Binden und Stabilisieren gut geeignet. Stärke ist geschmacksneutral, vegan und je nach Grundprodukt meist glutenfrei.

Am besten frisch gemahlen!

Wer mit Vollkornmehl bäckt, sollte die Anschaffung einer Getreidemühle in Erwägung ziehen. Wenn der ölhaltige Keimling mitvermahlen wird – wie das bei Vollkornmehl der Fall ist –, kann dieser leicht ranzig werden. Daher sind Vollkornmehle wesentlich kürzer haltbar als weiße Auszugsmehle. Die meiste Vitalkraft hat das Mehl, wenn es frisch gemahlen verarbeitet wird. Unbehandeltes Vollkornmehl ist rund zwei bis vier Monate haltbar.

Wenn Sie keine Getreidemühle besitzen, lassen Sie sich das Getreide frisch im Bioladen mahlen, unmittelbar bevor Sie es verarbeiten möchten!

Vollkorn

Wie der Name bereits vermuten lässt, ist Vollkornmehl mit wesentlich mehr gesunden und für unseren Körper brauchbaren Inhaltsstoffen ausgerüstet als das industriell verarbeitete Auszugsmehl.

Das volle Getreidekorn besteht aus dem wertvollen Keimling, dem Mehlkörper, der Aleuronschicht, einer Samenschale, einer Fruchtschale und der Kleie. Je nach Sorte sind in den verschiedenen Schichten unterschiedliche Inhaltsstoffe vorhanden. Hohe Mengen von Mineralstoffen, Vitaminen, essentiellen Aminosäuren, Enzymen und sekundären Pflanzeninhaltsstoffen sorgen für einen wertvollen und natürlichen Cocktail. Beim ausgemahlenen Mehl gehen viele dieser wertvollen Bestandteile verloren.

Alternativen zum weißen Industriezucker

Um die Verwendung von weißem, raffiniertem Industriezucker zu meiden, hier einige Ideen, wie wir stattdessen wertvollere Süße in unser Leben und auf den Teller bringen können. Insgesamt sollten wir mit dem süßen Gut allerdings stets sparsam umgehen. Denn auch wenn Zuckerformen wie Vollrohrzucker, Honig, Sirupe oder Malz die gesündere Alternative zu weißem Industriezucker sind, ist auch hier die Dosis entscheidend.

Info: Weißer Industriezucker verfügt über viel weniger wertvolle Inhaltsstoffe als seine gesunden Alternativen. Ein weiterer Vorteil von alternativen Zuckerquellen besteht darin, dass sie den Blutzuckerspiegel langsam ansteigen lassen und ihn daher nicht so belasten. Dadurch bleibt das Sättigungsgefühl länger erhalten und Heißhungerattacken werden vermieden. So stärken wir Körper und Geist!

Agavensirup

Agavensirp – auch Agavendicksaft genannt – wird aus dem Saft von unterschiedlichen mexikanischen Agavenarten hergestellt. Dieser wird gefiltert und erhitzt und es entsteht ein sirupartiger Süßstoff, der etwas dünnflüssiger als Honig ist.

Agavensirup enthält viel Fruktose, also Fruchtzucker. Das macht ihn interessant, weil Fruchtzucker den Blutzuckerspiegel nur langsam ansteigen lässt. Allerdings werden bei hohem Konsum aufgrund des hohen Fruktosegehaltes auch negative Auswirkungen diskutiert wie das Verursachen von Fruktose-

unverträglichkeit oder anderen Stoffwechselstörungen. Vor allem Menschen, die hier bereits Störungen haben, sollten auf den Konsum von Agavensirup besser verzichten.

Achtung: Vorsicht ist geboten bei Produkten, die nicht aus biologischer Landwirtschaft stammen. Hier wird häufig mit vielen Pestiziden und bei der Herstellung unsauber gearbeitet. Ziehen Sie daher Bio-Ware aus nachhaltiger Produktion konventionellen Produkten unbedingt vor.

Ahornsirup

Ahornsirup ist der eingedickte Saft des Zuckerahorns. Erfunden wurde er von den Indianern Nordamerikas. Der Saft und die Nährstoffe, die der Baum im Frühling von den Wurzeln in die Knospen transportiert, werden durch Anbohren des Baumstammes teilweise entnommen und im Anschluss durch Kochen eingedickt. Der Sirup erhält dadurch einen karamellartigen Geschmack. Die Hauptproduktionsgebiete liegen in Kanada, einige Sirupe kommen auch aus den USA.

Apfelsüße und Birnensüße

In Reformhäusern und Bioläden werden Apfelsüße und Birnensüße vertrieben. Das sind Extrakte aus entsafteten und getrockneten Äpfeln oder Birnen, die ebenfalls eine hohe Süßkraft aufweisen und sich gut als Zuckeralternative eignen. Wir haben sie in einige unserer Rezepte eingebunden.

Birkenzucker

Birkenzucker – auch Xylit genannt – ist ein Zuckeraustauschstoff (siehe Seite 18). Birkenzucker wird insulinunabhängig verstoffwechselt und ist daher auch für Diabetikerinnen und Diabetiker empfehlenswert.

Dem Birkenzucker wird sogar eine antibakterielle Wirkung sowie die Stabilisierung des Säure-Basen-Haushalts nachgesagt. Da durch Birkenzucker die Entwicklung von Hefe- und

Pilzbakterien gehemmt wird, ist er für Hefeteige nicht geeignet – der Birkenzucker entzieht der Hefe den Nährboden.

Der Birkenzucker lässt den Blutzuckerspiegel deutlich weniger ansteigen als Haushaltszucker und beugt dadurch Heißhungerattacken vor. Er hat auch um rund die Hälfte weniger Kalorien und ist daher auch bei einer kalorienarmen Diät eine gute Alternative.

Birkenzucker wird 1:1 wie Zucker verwendet – seine Süßkraft entspricht jener des Haushaltszuckers.

Info: Ein interessanter Nebenaspekt beim Verzehr von Birkenzucker ist auch ein angenehmer, leicht kühlender Effekt im Mund.

Zuckeraustauschstoffe – Zuckeralkohole

Birkenzucker gehört zu den sogenannten Zuckeraustauschstoffen oder Zuckeralkoholen. Zuckeraustauschstoffe sind süß schmeckende Kohlenhydrate, die allesamt den Blutzuckerspiegel nur gering beeinflussen und insulinunabhängig verstoffwechselt werden. Sie sind nicht kariesfördernd und werden in der Diabetikerernährung gerne zum Einsatz gebracht. Die Lebensmittelindustrie verwendet sie unter verschiedenen E-Nummern. Die Süßkraft ist ähnlich wie bei Haushaltszuckern, der Kaloriengehalt liegt jedoch deutlich darunter.

Zuckeraustauschstoffe werden aus Früchten und Gemüse gewonnen. Weil sie im Darm nur langsam aufgenommen werden und dort Wasser binden, können sie leicht abführend wirken. Mehr als 20 bis 30 Gramm pro Tag sind daher nicht empfohlen.

Weitere Zuckeraustauschstoffe sind u. a. Mannit, Sorbit oder Erythrit. Diese sind am Markt unter den unterschiedlichen Markennamen wie z. B. Sukrin erhältlich.

Honig

Honig ist das älteste Süßungsmittel der Menschheitsgeschichte. Man vermutet, dass das Kultivieren von Hausbienen bereits rund 7000 v. Chr. in Anatolien seinen Ursprung hatte.

Honig wird aus dem Nektar von Blüten oder zuckerhaltigen Ausscheidungsprodukten verschiedener Insekten gewonnen – dem sogenannten Honigtau. Honig verfügt über einen hohen Anteil an Frucht- und Traubenzucker sowie über eine Reihe von

Enzymen, Vitaminen, Pollen, Aromastoffen, Aminosäuren und Mineralstoffen. Seine vielseitige und wertvolle Zusammensetzung macht ihn zu einem der gesündesten Lebensmittel.

Achtung: Beim Erhitzen über 40 °C gehen viele Enzyme verloren und es werden sogar gesundheitsschädliche Effekte vermutet. Das macht die Verwendung von Honig beim Backen und Kochen problematisch. Wer sicher gehen will, verwendet Honig daher nur in erkalteten Süßigkeiten und als Sirup zur nachträglichen Süßung.

Kokosblütenzucker

Kokosblütenzucker oder Kokoszucker wird aus den Blüten der Kokospalme gewonnen und ist eine wertvolle Alternative zu Zucker.

Beim Konsum von Kokosblütenzucker steigt der Blutzuckerspiegel nur langsam und gleichmäßig an. Dies macht ihn sowohl für Diabetikerinnen und Diabetiker als auch für jene, die Blutzuckerschwankungen vermeiden wollen, zu einem wertvollen Süßungsmittel. Das Sättigungsgefühl hält länger an, Heißhungerattacken werden gemildert. Daher ist er auch für Menschen, die auf ihr Gewicht achten sollen oder wollen, eine willkommene Alternative.

Zudem ist Kokosblütenzucker reich an Mineralstoffen und Spurenelementen. Er beinhaltet u. a. Magnesium, Eisen, Kalium, Bor, Schwefel und Zink. Auch die Vitamine B_1, B_2, B_3, B_6 und C sind im Kokosblütenzucker enthalten.

Beim Kochen und Backen können Sie Kokosblütenzucker im gleichen Verhältnis wie braunen Zucker verwenden. Kokosblütenzucker schmeckt nicht nach Kokos. Er hat eine milde, karamellartige Note und süßt so auf kulinarisch bereichernde Art Kuchen, Cookies, Torten oder andere Süßspeisen.

Legen Sie beim Kauf von Kokosblütenzucker unbedingt Wert auf Bio-Ware und Nachhaltigkeit – viele konventionelle Kokosplantagen werden auf abgeholzten Regenwäldern kultiviert und sind damit für ökologisch verantwortungsvolle Konsumentinnen und Konsumenten nicht empfehlenswert. Achten Sie auch darauf, dass Sie reinen Kokoszblütenzucker erstehen. Manche Produkte sind mit herkömmlichen Zuckerarten gemischt und weisen dadurch natürlich nicht die gleichen ernährungsphysiologischen Eigenschaften auf.

Malz

Malz wird aus Getreide gewonnen, indem dieses auf kontrollierte Art zur Keimung gebracht wird. Durch enzymatische Vorgänge entstehen süße und karamellartige Geschmäcker, die uns in der süßen Küche gute Dienste erweisen können. Das gekeimte Getreide, das vorrangig für die Bierproduktion verwendet wird, wird auch zu Sirupen verarbeitet und als alternatives Süßungsmittel in Reformhäusern und Bioläden angeboten. Unter anderem sind Gerstenmalz, Maismalz und Reismalz im Handel erhältlich.

umgewandelt. Reissirup enthält langkettige Zuckerbausteine, sogenannte Oligosaccharide. Diese Mehrfachzucker sind zu 21 Prozent im Reissirup enthalten und werden erst vom Organismus in Einfachzucker umgewandelt. Daher ist die Zuckeraufnahme ins Blut verzögert. Er wird aus diesem Grund auch für Diabetikerinnen und Diabetiker empfohlen.

Auch wertvolle Mineralstoffe wie Eisen, Kalium und Magnesium sind im Reissirup enthalten. Der dezente Eigengeschmack kann als mild, süß, nussig und leicht karamellig beschrieben werden.

Info: Reissirup ist auch für Menschen mit Fruktoseintoleranz und Glutenunverträglichkeit gut geeignet.

Sukrin

Sukrin bezeichnet den Zuckeralkohol Erythrit bzw. Erythritol. Dieser Zuckeraustauschstoff (siehe Seite 18) kommt in der Natur u. a. in Pilzen und in Seegras vor, aber auch in Früchten wie Melonen, Weintrauben und Birnen. Sukrin besitzt eine ähnliche Konsistenz und einen ähnlichen Geschmack wie Zucker, ist aber komplett kalorienfrei und wird nicht insulinabhängig verstoffwechselt. Es wirkt sich dadurch in keiner Weise auf den Blutzuckerspiegel aus. Sukrin ist deshalb auch für Diabetikerinnen und Diabetiker gut geeignet.

Trockenfrüchte

Natürlich süßen kann man auch durch die Zugabe von Trockenfrüchten bzw. Dörrfrüchten. Trocknen oder Dörren ist eine der ältesten Methoden, um Obst und Gemüse haltbar zu machen. Da durch den Trocknungsvorgang die Früchte rund

Melasse

Bei der Herstellung von raffiniertem Zucker entsteht als „Nebenprodukt" Melasse. Diese enthält u. a. jene wertvollen Vitamine und Mineralien, die der Pflanze entzogen werden, damit reiner Zucker übrig bleibt. Melasse ist ein dunkelbrauner, honigähnlicher Sirup, der zum Süßen gut geeignet ist. Der lakritzeartige Geschmack bringt zudem interessante kulinarische Nuancen in die süße Küche.

Reissirup

Reissirup ist eines der ältesten Süßungsmittel. Es wird aus gemahlenem Reis hergestellt. Dieser wird gekocht und im Anschluss fermentiert. Dadurch wird die Reisstärke in Zucker

80 Prozent ihres enthaltenen Wassers verlieren, steigt der enthaltene Fruchtzuckeranteil an und die Früchte werden sehr süß. Der Fruchtzucker aus Trockenobst geht nicht so rasch ins Blut wie Zucker. Er wird größtenteils insulinunabhängig verstoffwechselt. Zudem stecken in den Trockenfrüchten jede Menge Vitamine und Mineralstoffe.

Als Trockenobst und für den Einsatz in der süßen Küche gut geeignet sind u. a. Äpfel, Birnen, Zwetschken (Pflaumen), Weintrauben (Rosinen, Sultaninen, ...), Marillen (Aprikosen), Cranberrys, Berberitzen, Feigen, Datteln, Mangos, Papayas, Kokosnüsse, Ananas und Bananen.

Tipp: Eine Variante, um das Trockenobst geschmacklich für das Backen aufzubereiten, ist das vorherige Einlegen in aromatische Fruchtsäfte, Schnäpse oder Liköre.

Vollrohrzucker

Vollrohrzucker ist ein unraffinierter Zucker und wird aus dem Saft des Zuckerrohrs gewonnen. Die Zuckerrohrpflanze, die in

tropischen Ländern der Karibik, Südamerikas und Asiens kultiviert wird, ist reich an wertvollen Aromastoffen, Mineralien und Vitaminen. Je weniger der Zucker geklärt wird, umso mehr dieser Inhaltsstoffe bleiben enthalten.

Die verschiedenen Hersteller haben eigene Namen für ihre Vollrohrzucker kreiert – so sind diese in Naturkostläden und auch manchen Supermärkten unter verschiedenen Namen wie „UrSüße", „Rapadura" oder „Mascobadozucker" erhältlich.

Tipp: Achten Sie beim Einkauf von „braunem Zucker" darauf, nicht billigen, nur mit Melasse eingefärbten Weißzucker zu erstehen. Lesen Sie die Packungsangaben genau und überprüfen Sie, ob auch wirklich das vollwertige Produkt in Ihrem Einkaufswagen landet.

Vollrübenzucker

Vollrübenzucker ist das Äquivalent zum Vollrohrzucker – nur aus der Frucht der Zuckerrübe gewonnen. Was die Regionalität betrifft, hat Vollrübenzucker den Vorteil, dass wir ihn nicht über tausende Kilometer transportieren müssen. Geschmacklich unterscheiden sich Vollrohr- und Vollrübenzucker allerdings durchaus, weshalb dem Rohrzucker gerne der Vorzug gegeben wird.

Zuckerrübensirup

Ähnlich wie Melasse entsteht bei der Herstellung von weißem Rübenzucker ein Sirup, der viele Nährstoffe enthält, die dem weißen Industriezucker entzogen werden. Dieser dickflüssige Sirup eignet sich auch hervorragend als Zuckeralternative für Ihre Süßspeisen.

Schokolade –
beliebt in der süßen Küche

Nicht wegzudenken aus der süßen Küche ist die allseits beliebte Schokolade.

Für die Herstellung von Schokolade wird die Kakaobohne in Kakaomasse und Kakaobutter, den fetten Anteil der Frucht, getrennt. Je nach Schokoladenart werden diese Anteile gemeinsam mit Zucker und gegebenenfalls mit Milchprodukten weiterverarbeitet. Welche Produkte im Zuge dessen in welcher Qualität verarbeitet werden, trägt viel dazu bei, wie die wertvollen Grundprodukte sich letztlich auf unsere Gesundheit auswirken.

Schwarz, weiß oder braun?

Bitterschokolade – auch Edelbitter-, Zartbitter- oder dunkle Schokolade genannt – enthält einen hohen Anteil an Kakaomasse, weiters Kakaobutter, Zucker und keine Milchprodukte. Sie kann daher von Menschen mit Laktoseintoleranz ohne Probleme verzehrt werden.

Zudem enthält sie den größten Anteil jener Stoffe, die an der Schokolade besonders gesund sind. Vor allem die in der Kakaobohne enthaltenen Flavanole sollen dafür verantwortlich sein, dass sich der mäßige Konsum von Bitterschokolade positiv auf Blutdruck und Herz auswirkt. Zudem enthält Bitterschokolade meist weniger Zucker und ist somit auch einer schlanken Linie besser zuträglich als Milchschokolade oder weiße Schokolade. Die Kakaobohne enthält außerdem Theobromin, das chemisch dem Koffein ähnelt und auf den Organismus eine anregende und stimmungsaufhellende Wirkung ausübt. Weitere Inhaltsstoffe wie beispielsweise die Serotonin-Vorstufe Tryptophan werden auch in Bezug auf die antidepressive Wirkung von Schokolade diskutiert. Bitterschokolade kann zudem die Wundheilung und Zellerneuerung unterstützen und enthält diverse Vitamine und Mineralstoffe.

Milchschokolade enthält Milchpulver, Kakaobutter und vergleichsweise wenig Kakaomasse. Der gesundheitliche Benefit wird dadurch enorm dezimiert. Die Kombination mit einem hohen Zuckeranteil lässt Milchschokolade zudem wesentlich schlechter aussteigen, was die Gesundheitsbilanz betrifft.

Weiße Schokolade enthält Kakaobutter, Milchpulver und Zucker.

Carobpulver – Ersatz für Kakaopulver

Carobpulver wird aus den Früchten des Carob-Baumes (oder Johannisbrotbaums) gewonnen. Dieser wächst im Mittelmeerraum und seine Früchte zählen zu den Hülsenfrüchten. Es sind zunächst grünliche, später schokoladenbraune zehn bis 30 Zentimeter lange Schoten mit wulstigem Rand und ledriger Schale. Das Fruchtfleisch ist das so genannte Carob, das anfangs weich und süßlich ist, später hart wird. Dieses wird zu Carobpulver vermahlen, das ähnlich wie Kakaopulver schmeckt, aber nicht so bitter ist.

Bei der Herstellung des Carobpulvers werden die geernteten Früchte verlesen und die Kerne entfernt. Für qualitativ hochwertiges Carob dürfen nur die Mittelstücke der Schoten verarbeitet werden, weil die Enden häufig bitter schmecken. Das ausgewählte Fruchtfleisch wird anschließend grob zerkleinert, schonend geröstet und staubfein zu einem Pulver vermahlen.

Carobpulver ist gut verschlossen mehrere Jahre haltbar. Der natürliche Zuckergehalt und sein fruchtig-karamelliges Aroma erinnern geschmacklich an Kakao. Es ist reich an Vitamin A, B, Kalzium und Eisen und kann Kakaopulver in allen Funktionen ersetzen. Daher ist es eine willkommene Zutat für das alternative Backen.

Aus den Kernen der Carob-Frucht wird das sogenannte Johannisbrotkernmehl hergestellt, ein ballaststoffreiches und stärkehaltiges Lebensmittel, das sich zum Eindicken eignet und fehlende Klebeeigenschaften von Mehlen gut ausgleichen kann.

Verantwortlich handeln und einkaufen

Damit unser süßer Genuss nicht auf der anderen Seite der Welt einen bitteren Nachgeschmack hinterlässt, wollen wir uns an dieser Stelle auch mit den Themen Nachhaltigkeit, soziale Gerechtigkeit und Kinderarbeit auseinandersetzen. Gerade die Schokoladenindustrie ist leider immer noch im großen Stil an menschenverachtenden und ausbeutenden Systemen beteiligt, die Kakaobauern und Kindern in jenen Teilen der Erde, wo die wertvolle Frucht gedeiht, ein armseliges Dasein bescheren. Ungerechte Löhne, viel zu niedrige Kilopreise, Kinderarbeit, ökologische Missstände und vieles mehr sorgen seit langem dafür, dass NGOs und sozial denkende Menschen dazu aufrufen, beim Schokoladenkonsum auf fair gehandelte und nachhaltige Produktion zu achten. Auch wir empfehlen, dass Sie die Herkunft Ihrer Schokolade etwas genauer unter die Lupe nehmen und darauf achten, dass Ihr persönlicher Genuss nicht gleichzeitig Elend und Ausbeutung erzeugt. Die Sensibilität für diese Themen ist glücklicherweise in den letzten Jahren enorm gestiegen und in der Zwischenzeit wächst auch der Markt an sozial verträglichen Betrieben und Produkten. Aber nehmen Sie sich dennoch in Acht vor romantischen Werbekampagnen so mancher Großkonzerne und glauben Sie nicht blind an deren Versprechungen. Kleinere Unternehmen, die direkt mit Kooperativen zusammenarbeiten, zeigen auf diesem Sektor mitunter mehr soziales Gewissen. Fair gehandelte Bio-Ware ist zwar auch nicht immer und in letzter Konsequenz eine Garantie, alle Ungerechtigkeiten auszuschließen, aber die Wahrscheinlichkeit, dass soziale Standards eingehalten und kontrolliert werden, steigt enorm, wenn Sie sich für solche Produkte entscheiden.

Schokolade oder Kuvertüre?

Im Handel wird zwischen Schokolade und Kuvertüre unterschieden. Kuvertüre ist eine hochwertige Schokolade, die je nach Art aus den Komponenten Kakaobutter und Kakaomasse, Milch und Zucker besteht. In „Schokolade" dürfen auch andere Fette enthalten sein. Achten Sie beim Einkauf von Schokolade oder Kuvertüre darauf, dass diese mit Vollrohrzucker hergestellt wurde, damit Ihre alternativen Backwerke nicht über versteckten Weißzucker wieder zur minderwertigeren Qualität verkommen. In Bioläden und Reformhäusern werden meist auch vollwertige Schokoladen und Kuvertüren angeboten. Wenn in den Rezepten Schokolade angegeben ist, können sie diese durchaus durch Kuvertüre ersetzen und umgekehrt.

25

Samen, Nüsse und Co. – wertvolle Kraftwerke

Wer sich die gesunderhaltenden Eigenschaften von Lebensmitteln zunutze machen möchte, der sollte auf den Konsum von Samen und Nüssen nicht verzichten. Aber Achtung: Nüsse sind enorm gehaltvoll, sehr kalorienreich und reich an Fett. Daher sollten Sie diese auch nicht in Unmaßen, sondern regelmäßig und in kleineren Mengen verzehren. Sie eignen sich als gesunder Snack zwischendurch, als schmackhafte Zutat für köstliche Salate oder gerieben als gehaltvolle Bindemöglichkeit von Saucen und Suppen – und natürlich in Ihren Süßspeisen, vollwertigen Torten und Kuchen. Auch als Bröselersatz können Nüsse und Samen interessant sein.

Cashewkerne

Cashewkerne oder Cashewnüsse werden die Früchte des sogenannten Kaschubaumes oder auch Nierenbaumes genannt. Dieser wächst in den Tropen und seine Kerne oder Nüsse liefern wertvolle und gesundheitsfördernde Inhaltsstoffe wie z. B. Magnesium, Eisen, Kupfer, Niacin, Folsäure oder Selen. Zudem sind Cashewkerne ein bemerkenswerter Lieferant von Tryptophan – einem Stoff, der zur Produktion von Serotonin nötig ist, das u. a. gemeinsam mit Vitamin B_6 gegen Depressionen helfen kann.

Erdnüsse

Erdnüsse sind botanisch gesehen keine Nüsse, sondern Hülsenfrüchte und damit eigentlich mit Erbsen und Bohnen verwandt. Was ihren Eiweißgehalt und manche ihrer Inhaltsstoffe betrifft, haben sie viel Wertvolles anzubieten. So enthalten Erdnüsse beispielsweise sehr viel Magnesium und gesunde Phytosterine. Auch eine cholesterinsenkende Wirkung wird den Erdnüssen nachgesagt.

Erdnüsse sind gemahlen, gehackt oder geröstet eine bereichernde Zutat in der süßen Küche. Auch die sogenannte Erdnussbutter lässt sich beim alternativen Backen gut zum Einsatz bringen.

Haselnüsse

Haselnüsse sind die Früchte des Haselnussstrauches, der zur Familie der Birkengewächse zählt. Haselnüsse werden bereits seit Jahrtausenden von Mensch und Tier gerne verzehrt. Wie viele andere Nüsse und Samen sind sie reich an wertvollen ungesättigten Fettsäuren, enthalten Vitamin B_1, Vitamin E, reichlich Kalium und Kalzium und verfügen außerdem über einen hohen Eiweißgehalt. Damit können sie einen wichtigen Beitrag zu einer ausgewogenen Ernährung leisten.

Kürbiskerne

Kürbiskerne sind reich an den Vitaminen A, B_1, B_2, B_6, C, D und E. Sie verfügen über reichlich ungesättigte Fettsäuren – u. a. die wertvolle Linolsäure. Auch durch ihren hohen Anteil an Carotinoiden haben sie einen positiven Effekt auf den menschlichen Organismus: Sie können u. a. die Haut vor Sonneneinstrahlung und negativen Umwelteinflüssen schützen. Die enthaltenen Phytoöstrogene werden gerne gegen Beschwerden in den Wechseljahren zum Einsatz gebracht. Die Inhaltsstoffe der Kürbiskerne wirken Prostatavergrößerung entgegen und sollen auch Symptome der Reizblase lindern und vorbeugen können.

Mandeln

Mandeln sind wegen ihres köstlichen Aromas aus der süßen Küche nicht wegzudenken und aus ernährungsphysiologischer Sicht eine Bereicherung für unsere Gesunderhaltung. Sie enthalten wertvolle Mineralstoffe wie Magnesium, Kalzium und Kupfer, sind reich an ungesättigten Fettsäuren und verfügen über große Mengen Vitamin B und E.

Mandeln wird eine vorbeugende Wirkung gegen Diabetes, Herz-Kreislauf-Erkrankungen, Bluthochdruck und Übergewicht zugeschrieben, sie regulieren den Cholesterinspiegel und stärken unsere Knochen. In der Traditionellen Chinesischen Medizin werden Mandeln auch gerne eingesetzt, um die Lunge zu stärken.

Mandeln wirken im Organismus zudem basisch – im Gegenteil zu anderen Nüssen wie Haselnüssen oder Walnüssen. Sie können somit eine basenreiche Kost schmackhaft unterstützen.

Neben geriebenen und gehackten Mandeln sowie Mandelblättchen sind für die süße Küche auch Mandelmuse und Mandelpürees interessant.

Mohn

Mohn wird im deutschsprachigen Raum u. a. im österreichischen Waldviertel angebaut. Dort geht der Mohnanbau bis ins 13. Jahrhundert zurück. Mönche brachten das „graue Gold" aus dem Mittelmeerraum und kultivierten es u. a. zu Heilzwecken. Aber die medizinische Verwendung von Mohn reicht noch viel weiter zurück: Bereits die Sumerer beschrieben die Anwendung von Opium, das aus dem Milchsaft des Schlafmohns gewonnen wird. Auch heute gilt Schlafmohn als wichtiger Schmerzmittellieferant.

Mohn wurde aber auch schon in grauer Vorzeit als Aphrodisiakum und Mittel zur Steigerung der Fruchtbarkeit verwendet und angepriesen. Moderne Studien bestätigen durchaus so manche dieser überlieferten Zuordnungen wie eine durchblutungsfördernde, nervenstimulierende und hormonausschüttende Wirkung.

Mohn wird je nach Farbe der Samen in drei Sorten eingeteilt: Der Blaumohn hat ein herbes, intensives Aroma und eignet sich besonders gut für pikante Mohnspeisen. Die Samen des Graumohns sind sehr zart und mild und werden daher gerne für süße Mehlspeisen verwendet. Weißmohn ist eine seltene Sorte mit einem nussigen Geschmack, der sich vor allem in Desserts und süßen Zubereitungen besonders gut macht.

Mohn enthält rund 42 Prozent Fett. Er verfügt über wertvolle Inhaltsstoffe wie die Aminosäuren Leucin und Lysin. Die aromatischen Samen enthalten reichlich Mineralstoffe wie Eisen, das uns beim Sauerstofftransport des Blutes hilft, sowie Kalzium, das u. a. unsere Knochen stärkt und andere Stoffwechselvorgänge unterstützt. Auch Phosphor, Kalium und Magnesium sind im Mohn enthalten.

Pekannüsse

Der Pekannussbaum wächst in Amerika und gehört zur Familie der Walnussgewächse. Die Pekannuss enthält jede Menge Zink (eine Handvoll Pekannüsse rund 20 Prozent des empfohlenen Tagesbedarfes) sowie Vitamin B_1. Zink ist u. a. wichtig für unser Immunsystem und für die Erneuerung unseres Gewebes und Vitamin B_1 spielt für unser Nervensystem eine wichtige Rolle.

Pinienkerne

Pinienkerne – auch bekannt unter den Namen Pignoli oder Pignole – sind die Samen der im gesamten Mittelmeerraum wachsenden Pinien, die auch Mittelmeerkiefern genannt werden. Die delikaten Kerne wachsen in den Pinienzapfen heran und haben ein außerordentlich schmackhaftes Aroma. Auch ihre Inhaltsstoffe können sich sehen lassen. Nicht umsonst zählen die Kerne mittlerweile zu den sogenannten „Superfoods" – da sie eine enorm wertvolle Nährstoffdichte aufweisen können.

Beim Einkauf von Pinienkernen empfiehlt es sich, auf deren Herkunft zu achten: Europäische Pinienkerne sind relativ teuer. Doch in den letzten Jahren kommen immer mehr billigere Sorten, die von der Korea-Kiefer stammen, aus Ländern wie China, Pakistan und Korea auf den heimischen Markt. Die asiatischen Pinienkerne sind an ihrer eher dreieckigen Form und ihrer dunklen Spitze erkennbar. Nicht nur aus ökologischer Sicht sollten Sie im Zweifelsfall zu europäischer Ware greifen: Im Vergleich zu den südeuropäischen Kernen schmecken die asiatischen Kerne oft weniger aromatisch und enthalten um einiges mehr Fett. Zudem wurde in den vergangenen Jahren immer wieder von Geschmacksstörungen berichtet, bei denen Konsumentinnen und Konsumenten nach dem Verzehr von asiatischen Pinienkernen oft wochenlang einen metallischen und bitteren Geschmack zu beklagen hatten.

Pistazien

Pistazien sind die Steinfrüchte eines Laubbaumes und kulinarisch wie gesundheitlich ein wertvolles Naturprodukt. Pistazien sind eine gute Quelle für Vitamin B_6 und reich an einfach ungesättigten Fettsäuren. Eine Handvoll Pistazien deckt ungefähr ein Fünftel der täglich empfohlenen Menge an Vitamin B_1 und über ein Viertel der empfohlenen Tagesdosis an Vitamin B_6. Die schmackhaften Früchte enthalten zudem u. a. Phosphor Kalium, Kupfer, Vitamin E und Betacarotin.

Sesam

Sesam gedeiht in sämtlichen tropischen und subtropischen Regionen der Erde und kommt ursprünglich aus Afrika und Indien. Er zählt zu einer der ältesten Ölpflanzen der Welt.

Seine Samen können schwarz, braun oder in geschälter Form auch cremefarben oder weiß sein und zeichnen sich durch einen süßlichen, nussigen Geschmack aus. In der Traditionellen Chinesischen Medizin wird vor allem der schwarze Sesam gerne zum Einsatz gebracht, um unsere Nieren- und Leberenergie zu stärken.

Auch aus westlicher Sicht hat Sesam viel zu bieten: Folsäure sorgt für ausgeglichene Stimmung, Dimethylglycine regen den Geist an und lindern Kopfschmerzen, Vitamin B_3 nährt unsere Nerven, Vitamin E sorgt für Fruchtbarkeit und bindet freie Radikale und ein hoher Kalziumgehalt wirkt sich positiv auf Zähne und Knochen aus.

Auch das aromatische Sesamöl kann in der süßen Küche für interessante kulinarische Nuancen sorgen und bereichert geschmacklich wie gesundheitlich.

Walnüsse

Walnüsse sind wahre Nährstoffbomben und beinhalten einen enorm hohen Gehalt an Omega-3-Fettsäuren, die u. a. unserem Herz sehr zuträglich oder auch als Antidepressivum wirksam sind. Zudem verfügen Walnüsse über Vitamin A, B_1, B_2, B_3, C, E, Zink, Kalium, Magnesium, Phosphor, Eisen, Schwefel und Serotonin, einen Neurotransmitter, der u. a. auch den Appetit zügeln kann.

Tipp: Bei der Lagerung von vielen Nüssen und Samen sollten Sie darauf achten, dass diese aufgrund des hohen Fettgehalts leicht ranzig werden. Verschließen Sie Nüsse und Kerne daher luftdicht und lagern Sie diese an einem kühlen, dunklen Ort.

Backen mit frischen Früchten und Gemüse

Wenn wir in unsere Backwaren und Süßspeisen frische Früchte und Gemüse einbauen, nutzen wir deren natürliche Süße und ersparen uns den zusätzlichen Einsatz von großen Mengen Zucker und Süßstoffen. Zudem profitieren wir von den bioaktiven Stoffen, gesunden Ballaststoffen und diversen Vitaminen. An dieser Stelle wollen wir Ihnen ein paar Ideen geben, welches Obst und Gemüse sich besonders für die süße Küche eignet.

Äpfel

Der Apfel stammt aus der Pflanzenfamilie der Rosengewächse und heißt lateinisch „malus" – was so viel heißt wie „schlecht". Diese moralische Bewertung verdankt die aromatische Frucht aber weniger seinen biologischen Inhaltsstoffen, sondern seiner Schlüsselrolle beim biblischen Sündenfall, wo Eva Adam mit der paradiesischen Frucht verführte ...

Der Apfel kann mit rund 30 Vitaminen und Mineralstoffen als eine der gesündesten Früchte überhaupt auftrumpfen – und das bei geringstem Kaloriengehalt: Ein mittelgroßer Apfel enthält rund 60 Kalorien, besteht zu 85 Prozent aus Wasser und ist somit eines der wertvollsten Lebensmittel für all jene, die gesund, schlank und schön bleiben wollen.

Äpfel haben einen hohen Pektingehalt – dieser sorgt u. a. für die positiven Eigenschaften in Bezug auf unsere Darmgesundheit. Der Apfel wird seit jeher in der Volksmedizin als Heilmittel bei Magen- und Darmbeschwerden zum Einsatz gebracht.

Die reichlich vorhandenen Ballaststoffe senken Cholesterin- und Blutfettspiegel und binden Giftstoffe. Regelmäßiger Verzehr von sonnengereiften Äpfeln kann die Bildung von schädlichen Stoffen in unserem Darm ebenso hemmen wie die Ansiedelung von unerwünschten Bakterien.

In Äpfeln finden wir wichtige Spurenelemente, Mineralstoffe und Vitamine wie u. a. Natrium, Kalium, Kalzium, Magnesium, Eisen, Phosphor, Kieselsäure, Niacin, Folsäure, Vitamin A, B_1, B_2, B_6, C und E sowie Quercetin, Flavonoide und Carotinoide. Daraus ergeben sich eine lange Reihe von positiven Effekten auf unsere Gesundheit.

Äpfel sind hilfreich bei Gelenksbeschwerden, stärken unser Immunsystem, pflegen unsere Haut, binden freie Radikale, helfen bei Appetitlosigkeit und Gedächtnisstörungen, regulieren unseren Cholesterinspiegel und senken unsere Blutfette. Sie werden basisch verstoffwechselt, sind äußerst verdauungsfördernd und helfen beim Abnehmen und Entschlacken. Regelmäßig gegessen können sie sogar dem Herzinfarkt vorbeugen und die Tumorbildung verhindern.

Bananen

Bananen sind kohlenhydratreich und beinhalten große Mengen von wertvollen Mineralien wie Kalium, Magnesium, Eisen und Fluor. Dadurch wird u. a. der Wasserhaushalt reguliert und die Nerven und Muskeln entspannt. Zudem stecken jede Menge Vitamine, Betacarotin und Folsäure in den tropischen Früchten. Sie liefern wichtige Stoffe für eine gesunde Haut und die Blutbildung. Bananen können sich sogar positiv auf unsere Emotionen auswirken, da sie die Produktion von Serotonin im Gehirn fördern können. Auch auf die Verdauung haben sie eine regulierende Wirkung.

Da wir in unseren Breiten keine klimatischen Bedingungen vorfinden, um heimische Bananen zu kultivieren, sind wir für den Genuss von Bananen auf den Import aus fernen Ländern angewiesen. Dies führt dazu, dass wir selten sonnengereifte Früchte auf den Tisch oder in die Küche bekommen. Sowohl Geschmack als auch Verträglichkeit der krummen Frucht wird leider dadurch geschmälert, dass die Früchte allesamt noch unreif geerntet werden, damit sie den Transport zu uns überstehen.

Beeren

Himbeeren, Brombeeren, Heidelbeeren, Erdbeeren, Johannisbeeren, Preiselbeeren – sind allesamt kleine Kraftwerke für unsere Gesundheit und harmonieren zu vielen Süßspeisen.

Die Liste der gesundheitlichen Benefits von Beeren ist lang: So mögen Krebszellen keine Himbeeren, reinigen Preiselbeeren unsere Blase, regulieren Heidelbeeren die Verdauung, beugen Erdbeeren Osteoporose vor, wirken Johannisbeeren entzündungshemmend und immunstärkend und Brombeeren schützen vor freien Radikalen und beugen Darm- und Lungenkrebs vor.

Birnen

Birnen gehören wie Äpfel zu den Rosengewächsen. Ähnlich wie Äpfel können sie mit jeder Menge gesunder Inhaltsstoffe aufwarten. Sie haben einen wesentlich geringeren Anteil an Fruchtsäure als Äpfel und schmecken daher süßer. Birnen sind reich an Kalium und Phosphor – daher wird ihnen eine entwässernde und nervenstärkende Wirkung zugeordnet. Außerdem enthalten sie Eisen, Kalzium, Vitamin B_1 und B_2, Vitamin C und Folsäure.

Für die süße Küche sind vor allem auch gedörrte Birnen interessant – die sogenannten „Kletzen". Für diese werden spätreifende und sehr süße Sorten mit festem Fruchtfleisch verwendet. Diese sind roh kulinarisch meist nicht so gut wie eben im getrockneten Zustand. Das berühmte „Kletzenbrot", das zur Weihnachtszeit auf den Tisch kommt, darf natürlich auch in unserem Buch nicht fehlen (siehe Seite 112).

Feigen

Die Feige ist eine der ältesten Kulturpflanzen. Mit etwas Geschick und Geduld lässt sie sich sogar in unseren Breiten kultivieren, sofern der Winter keine Minusrekorde erreicht.

Die gesundheitlichen Benefits von Feigen sind sehenswert. So kann deren Genuss Knochen- und Nervenschäden vorbeugen. Der Wirkstoff Aneurin hat eine bedeutende Rolle für den Stoffwechsel und das Nervengewebe. Zudem kann die aromatische Frucht einen hohen Kalzium- und Phosphorgehalt vorweisen.

Eine der hilfreichsten Eigenschaften ist ihre verdauungsfördernde Wirkung. Feigen schützen vor Stuhlträgheit, regen den Gallenfluss an und wirken schleimlösend. Auch Leberleiden werden durch den Konsum der Frucht positiv beeinflusst. Aufgrund ihrer schleimlösenden Wirkung wird sie sogar gegen Bronchitis heilsam zum Einsatz gebracht.

Ein hoher Magnesiumgehalt unterstützt zudem in stressigen Zeiten unsere Nerven und das ästhetische Aussehen der biblischen Frucht erfreut nicht nur den Gaumen, sondern auch Auge und Gemüt. Feigen eignen sich frisch oder getrocknet hervorragend für die süße Küche.

Karotten

Eine Gemüsesorte, die sich hervorragend zum gesunden Backen eignet, ist die Karotte. Zum einen enthält sie viel eigene Süße und zum anderen lassen sich die Inhaltsstoffe wieder mal sehen. Karotten haben einen enorm hohen Gehalt an Betacarotin. Sie stärken Augen und Sehkraft und färben die Haut. Karotten können bei Kreislaufstörungen helfen und stärken das Immunsystem. Sie binden freie Radikale, haben jede Menge Ballaststoffe und stärken Magen und Darm. Karotten sind harntreibend, antibakteriell und blutbildend. Damit das Betacarotin von unserem Körper auch gut aufgenommen werden kann, muss es mit etwas Fett konsumiert werden. Dies stellt beim alternativen Backen selten ein Problem dar, da ohnehin meistens Öl oder Butter in den Rezepten vorkommt.

Kürbis

Eine Menge Kürbissorten eignen sich gut für das alternative Backen. Kürbisse sind farbenfroh und mit wertvollen Inhaltsstoffen ausgestattet: Bei vielen Sorten fallen hohe Carotinoid-Werte auf. Diese sind u. a. für die orange-roten Färbungen der Früchte verantwortlich und unserer Gesundheit auf vielen Ebenen sehr zuträglich. Auch in der Krebsvorbeugung spielen sie eine große Rolle, da sie freie Radikale abwehren und unser Immunsystem damit stärken.

Ein hoher Ballaststoffanteil in den Kürbissen sorgt für eine gesunde Verdauung und hilft beim Abtransport von schädlichen Stoffen. Kürbisse enthalten viel Kalium, wenig Natrium und viel Wasser, daher wirken sie auch entwässernd. In der süßen Küche liefern sie interessante geschmackliche Nuancen. Vor allem der Hokkaidokürbis, der Butternusskürbis oder die Zucchini werden gerne verwendet.

Marillen (Aprikosen)

Marillen (Aprikosen) gehören ebenfalls zur Familie der Rosengewächse. Die Erntezeit im deutschsprachigen Raum liegt je nach Gegend zwischen Mitte Juli bis Ende August. In der südlichen Mittelmeerregion wird bereits ab Ende Mai geerntet, die Hauptsaison endet im September. Im Winter kommen vorrangig weit gereiste Früchte in den Handel und sollten in dieser Zeit sowohl aus ökologischen als auch aus gesundheitlichen Gründen gemieden werden. Wer allerdings im Sommer die sonnengereiften Früchte einkocht, einrext oder einfriert, hat auch im Winter noch frische Früchte in Form von Kompotten, Musen, Marmeladen oder Marillenhälften im Haus.

Marillen haben trotz ihres süßen Geschmacks einen niedrigen Zuckergehalt und relativ wenig Kalorien. Sie enthalten wertvolle Carotinoide. Beta-Carotin wird im Körper zu Vitamin A umgewandelt und wirkt der Oxidation entgegen. Zusätzlich trumpfen sie mit B-Vitaminen, Vitamin C, Folsäure, Magnesium, Eisen, Kalium, Kalzium und Phenolsäure auf. Ihre Süßspeisen werden in der Kombination mit Marillen also zu einem gesundheitsfördernden Genuss.

Zitrusfrüchte

Der Einsatz von Zitronen, Orangen und Mandarinen ist vor allem in der Weihnachtszeit sehr beliebt.

Beim Verzehr von rohen Zitrusfrüchten warnen Ernährungberaterinnen und -berater nach der Traditionellen Chinesischen Medizin aber vor allem in der kalten Jahreszeit vor der sehr kühlenden Wirkung der tropischen Früchte, die aus gutem Grund in sehr heißen Gegenden wachsen. Allerdings wird den Schalen häufig eine wärmende Wirkung zugeschrieben und der Abrieb von Zitrusfrüchten ist extrem aromatisch und kann gerade in der süßen Küche herrliche Aromen erzeugen.

Aus westlicher Sicht enthalten sämtliche Zitrusfrüchte reichlich Vitamin C, Zitronen zusätzlich Vitamin B_1 und B_2, Niacin, Kalzium, Phosphor und Eisen. Mandarinen können mit Vitamin A und B_1 aufwarten, Orangen weisen zusätzlich reichlich Folsäure auf und Grapefruits liefern Carotin, Kalzium und Phosphor.

Der säuerliche Geschmack der Zitrusfrüchte ist in der Gesamtrezeptur manchmal der letzte Feinschliff, der die Speise erst rund macht. Wir haben etwas Saft und Abrieb der aromatischen Früchte daher immer wieder in unsere Rezepturen eingebaut.

Natürliche Geschmacksverstärker: Kräuter & Gewürze

Wer aus seinen Süßspeisen und Backwerken nicht nur reine Zuckerbomben, sondern aromatische und gesunde Leckerbissen machen möchte, dem sei der Gebrauch von reichlich Kräutern und Gewürzen ans Herz gelegt. Der Einsatz von intensiv duftenden und schmeckenden Aromen bereichert Gaumen und Gesundheit gleichermaßen. Anissamen, Basilikum, Chili, Fenchel, Gewürznelken, grüner Kardamom, Ingwer, Koriandersamen, Minze, Muskatnuss und -blüte, Piment, Rosmarin, Salz, Sternanis, Thymian, Vanille, Zimt und Zitrusschalen runden Ihre Speisen ab.

Süßes gesund genießen – 10 Leitsätze

Abschließend – bevor es nun endlich zu unseren alternativen und süßen Rezepten geht – wollen wir Ihnen noch ein paar unserer Leitsätze mitgeben, damit Genuss und Gesundheit kein Widerspruch sein müssen:

Frische, möglichst regionale und biologische Zutaten verwenden!

Verzichten Sie auf billige und konventionell angebaute Grundprodukte. Diese enthalten häufig jede Menge Giftstoffe und schmecken meist auch weniger gut als biologische Grundzutaten. Zudem wollen wir Boden und Umwelt nicht weiter belasten und der nächsten Generation keine Müllhalde hinterlassen.

Auf Vollkorngetreide und Sortenvielfalt setzen!

Nutzen Sie die breite Palette an verschiedenen Getreidesorten und verarbeiten Sie diese möglichst vollwertig.

Meiden Sie weißen Zucker!

Experimentieren Sie mit alternativen Süßungsmitteln und reduzieren Sie langsam die üblichen Zuckermengen. Unser Geschmack ist häufig verbildet und wir können dadurch nach Zucker süchtig werden. Dies kann verändert werden, ohne dass Sie gleich komplett auf süße Genüsse verzichten müssen.

Hochwertige Gewürze und Kräuter verwenden!

Experimentieren Sie mit Gewürzen und Kräutern – in hochwertiger Qualität. Diese bringen neben intensiven Aromen immer auch einen gesundheitlichen Mehrwert auf Ihren Teller.

Fertigprodukte und chemische Aromen meiden!

Lassen Sie Finger und Rührschüssel möglichst von Fertigprodukten und billigen, chemischen Aromen. Geschmack und Gesundheit werden es Ihnen danken.

Die Dosis macht das Gift!

Gerade was den Genuss von süßen Speisen betrifft, ist dieser Leitsatz besonders wichtig. Auch wenn wir Vollkornprodukte, alternative Süßungsmittel und frische Früchte und Gemüsesorten in unseren Süßspeisen verarbeiten, ist es wichtig, davon mit Maß und Ziel zu genießen. Die gesündeste Bio-Torte kann uns ganz ordentlich schaden, wenn wir laufend zu viel davon essen.

Widmen Sie sich dem Kochen und Backen – wie der Liebe – mit ganzem Herzen!

Nehmen Sie sich Zeit beim Kochen, Backen und beim Essen und arbeiten Sie mit Freude. Wenn Sie in einer hektischen und schlecht gelaunten Stimmung einen Kuchen backen, können Sie Ihren Gästen ganz schön den Magen damit verderben.

Allgemeines zu den Rezepten

Das Auge isst mit!

Bemühen Sie sich bis zum letzten Moment der Fertigstellung und beim Anrichten. Mit frischen Blüten, frischen Früchten, bunten Cremen oder Obers (Sahne) garniert, sieht ihre Süßspeise auch wunderschön aus und Sie erfreuen Ihre Lieben bereits vor dem ersten Bissen damit!

Seien Sie kreativ – aber am richtigen Platz!

Halten Sie sich beim Herstellen von Teigen an die angegebenen Mengenangaben. Diese sind erprobt und lassen häufig wenig Abwandlung zu, wenn sie gelingen sollen. Ihre Kreativität können und sollen Sie beim Experimentieren mit Gewürzen und Kräutern, in der Kombination mit unterschiedlichen Früchten und Gemüsesorten oder bei der Herstellung von Cremen, Füllen, Saucen und Musen ausleben.

Genuss ohne Reue!

Genießen Sie Ihre Süßspeisen ohne Reue! Selbst wenn Sie mal ein bisschen über die Stränge geschlagen haben, sollten Sie sich nicht auch noch mit Selbstgeißelung und schlechtem Gewissen schaden. Je mehr Sie sich dafür selbst hassen, umso mehr schaden Sie sich! Und in Zukunft denken Sie einfach vorher an den Leitsatz „Die Dosis macht das Gift!".

Die **Zeitangaben** zur Zubereitungs- und Backzeit verstehen sich als Circa-Angaben und können je nach Können und Backofen variieren.

Grundsätzlich können Sie die Gerichte mit **Heißluft** oder mit **Ober- und Unterhitze** backen. Manchmal empfehlen wir jedoch eine der beiden Einstellungen, dann ist es beim entsprechenden Rezept ausdrücklich vermerkt. Wenn Sie zwei Bleche auf einmal in den Ofen geben wollen, sollten Sie auf jeden Fall mit Heißluft backen.

Im Allgemeinen ist die **Größe** von **Blechen** und **Auflaufformen** beim Rezept vermerkt. Bei **Haushaltsblechen** haben wir eine Standardgröße von 30 x 40 cm, bei **Auflaufformen** eine Größe von 25 x 21 cm und bei **Gugelhupfformen** einen Inhalt von 1,5 l angenommen. **Darioleformen** gibt es in verschiedenen Größen, wir haben für unsere Rezepte Formen von 125 ml verwendet. **Springformen und Tortenringe** sollten einen Durchmesser von 24 bis 26 cm haben.

Ist in den Rezepten „dunkle Kuvertüre" angegeben, sollte Kuvertüre oder Schokolade mit einem Kakaoanteil von mindestens **55 bis 70 Prozent** verwendet werden.

Abkürzungsverzeichnis

g	Gramm	ML	Mokkalöffel
kg	Kilogramm		(Kaffeelöffel)
ml	Milliliter	TL	Teelöffel
l	Liter	EL	Esslöffel

Köstlich und verführerisch: Torten und Tartes

Heidelbeer-Topfen-Cake mit Braunhirse und Kokosblütenzucker

1 Cake (10–12 Stück)

Zubereitung: 60 Minuten
Backzeit: 15 Minuten
Kühlen: 4 Stunden

Zutaten Mürbteig

> 125 g zimmerwarme Butter
> 70 g Kokosblütenzucker
> 1 Ei
> 175 g gemahlene Braunhirse
> Abrieb von 1/2 Bio-Zitrone
> 1 Prise Salz

Belag und Creme

> 250 ml Schlagobers (Sahne)
> 50 g gehackte Vollmilch-Kuvertüre
> 100 g Heidelbeeren
> 5 Blatt Gelatine
> 250 g Joghurt
> 250 g Magertopfen (-quark)
> 70 g Agavensirup
> Saft von 1/2 Zitrone

Sauce und Garnitur

> 150 g Heidelbeeren
> 20 ml Zitronensaft

Backofen auf 170 °C vorheizen. Ein Backblech mit Backpapier belegen. Für den Mürbteig Butter auf Zimmertemperatur erwärmen und mit Ei, Zitronenabrieb, einer Prise Salz, Kokosblütenzucker und Braunhirse zu einem Teig mischen.

Blech mit Backpapier belegen. Einen Tortenring (Ø 24 cm) auf das Blech legen und den Teig in den geöffneten (!) Tortenring drücken (der Teigboden soll einen größeren Durchmesser als die aufgetragene Creme haben). Teigboden mit einer Gabel mehrmals einstechen und im Ofen 15 Minuten backen.

Boden mit dem Papier vom Blech ziehen und auskühlen lassen. Kuvertüre im Wasserbad schmelzen, auf den Tortenboden streichen und fest werden lassen.

Für die Creme Schlagobers cremig aufschlagen. Gelatine in kaltem Wasser einweichen. Joghurt mit Topfen, Agavensirup und Zitronensaft verrühren. Gelatine ausdrücken, mit 2 EL der Joghurtmasse erwärmen und rasch mit der restlichen Joghurtmasse verrühren. Nun das Schlagobers einrühren.

Tortenring (geschlossen) auf den Boden setzen und die Heidelbeeren darin verteilen. Creme in den Ring streichen und zum Festwerden ca. 4 Stunden kühlen.

Für die Sauce 100 g Heidelbeeren mit Zitronensaft mixen. Torte portionieren und mit Sauce und Heidelbeeren garnieren.

hefefrei ✔ glutenfrei ✔

38

Topfendinkeltorte mit Basilikum und frischen Waldbeeren

Tortenform (Ø 26 cm, 5–6 cm hoch) mit weicher Butter ausstreichen und mit Mehl ausstreuen. Backofen auf 170 °C vorheizen. Für den Teig Mehl mit einer Prise Salz mischen, mit klein geschnittener Butter verbröseln, Zitronenabrieb und Kokosblütenzucker untermischen. Masse mit dem Dotter rasch verkneten und als Boden in die Form drücken. Teig 10 Minuten im Ofen (mittlere Schiene/Gitterrost) vorbacken.

Für die Topfenmasse Eier in Dotter (Eigelb) und Eiklar (Eiweiß) trennen. Topfen, Vanillemark, Zitronenabrieb und Dotter kurz mixen. Eiklar mit Kokosblütenzucker zu cremigem Schnee schlagen, mit dem Grieß unter die Topfenmasse heben. Gezupfte und geschnittene Basilikumblätter beifügen und die Topfenmasse gleichmäßig auf dem vorgebackenen Mürbteig verteilen.

Torte im Ofen 50 Minuten (mittlere Schiene/Gitterrost) backen. Herausnehmen und mit einem Messer rasch vom Tortenring lösen und auskühlen lassen.

Die ausgekühlte Torte mit den gewaschenen Beeren belegen.

hefefrei ✔

1 Torte (12–14 Stück)

Zubereitung: 25 Minuten
Backzeit: 50 Minuten

Zutaten Mürbteig

› 250 g Vollkorn-Dinkelmehl
› 100 g Butter
› 100 g Kokosblütenzucker
› 2 Eidotter (Eigelb)
› Abrieb von 1/2 Bio-Zitrone
› 1 Prise Salz
› Mehl und Butter für die Form

Topfenmasse

› 3 Eier
› 2 Eiklar (Eiweiß) vom Mürbteig (s. o.)
› 500 g Topfen (Quark) (10 % Fett)
› 100 g Kokosblütenzucker
› Abrieb von 1/2 Bio-Zitrone
› Mark von 1/2 Bourbon-Vanilleschote
› 100 g geschmolzene Butter
› 2 EL Vollkorn-Weizengrieß
› 4 Blätter frisches Basilikum

› 300 g sonnengereifte Waldbeeren

39

Karotten-Buchweizen-Torte

1 Torte (10 – 12 Stück)

Zubereitung: 80 Minuten
Backzeit: 60 Minuten

Zutaten
⟩ 250 g Karotten
⟩ 5 Eier
⟩ 120 g weiche Butter
⟩ 100 g Ahornsirup
⟩ 220 g geriebene Mandeln
⟩ 10 g Guarkernmehl
⟩ Abrieb und Saft von
  1 Bio-Zitrone
⟩ 150 g Buchweizenmehl
⟩ 1/2 Pkg. Weinstein-Backpulver
⟩ 1 Prise Piment

Garnitur
⟩ Marmelade (Konfitüre)
  zum Bestreichen
⟩ Weiße Kuvertüre zum Glasieren
⟩ 25 g gehackte Pistazien
⟩ 1 Prise Salz

Backofen auf 160 °C vorheizen. Eier in Eiklar (Eiweiß) und Dotter (Eigelb) trennen. Butter mit Ahornsirup und Zitronenabrieb schaumig schlagen. Karotten schälen und fein raspeln oder reiben. Zitronensaft darüber träufeln. Buchweizenmehl und Guarkernmehl mit Backpulver mischen. Nun nach und nach die Dotter in die schaumige Butter einrühren.

Eiklar mit einer Prise Salz schaumig schlagen. Geschlagenes Eiklar unter den Butterabtrieb heben und alle trockenen Zutaten dazugeben. Mit Piment aromatisieren.

Fertige Masse in die Tortenform (Ø 24 cm) füllen und 60 Minuten backen.

Nach dem Backen auskühlen lassen, mit Marmelade bestreichen, mit geschmolzener Kuvertüre glasieren und mit gehackten Pistazien bestreuen.

glutenfrei ✔ hefefrei ✔

Schokolade-Buchweizen-Mangotorte

1 Torte (10 – 12 Stück)

Zubereitung: 70 Minuten
Backzeit: 40 Minuten
Kühlen: 4 Stunden

Zutaten Schokobiskuit

⟩ 50 g Buchweizenmehl
⟩ 60 g geriebene Haselnüsse
⟩ 4 mittelgroße Eier
⟩ 70 g Carobpulver
⟩ 120 g Reissirup
⟩ 90 g zerlassene Butter
⟩ 1 Prise Salz

Creme

⟩ 250 ml Schlagobers (Sahne)
⟩ 4 Blatt Gelatine
⟩ 2 Eidotter (Eigelb)
⟩ 40 g Reissirup
⟩ 100 ml Milch
⟩ 100 ml Mangosaft
⟩ Saft von 1/2 Zitrone

Garnitur

⟩ 1/2 Mango

Ofen auf 170 °C vorheizen. Eine Tortenspringform (Ø 24 cm) mit Backpapier auslegen. Für das Schokoladenbiskuit Buchweizenmehl mit den Nüssen und dem Carobpulver mischen. Eier in Dotter (Eigelb) und Eiklar (Eiweiß) trennen. Eiklar mit Reissirup und einer Prise Salz zu Schnee schlagen. Butter schmelzen.

Dotter unter den geschlagenen Schnee mischen, Mehl-Nuss-Mischung einrühren und die zerlassene Butter unterziehen. Masse gleichmäßig in einem Tortenring verteilen und im Ofen (mittlere Schiene/Gitterrost) ca. 40 Minuten backen. Aus dem Ofen nehmen und im Tortenring auskühlen lassen.

Für die Creme Obers schlagen und kühl stellen. Gelatine in kaltem Wasser einweichen. Dotter mit Reissirup schaumig schlagen. Milch aufkochen lassen, vom Herd nehmen, ein wenig abkühlen lassen und mit der Dottermasse gut vermengen. Gelatine ausdrücken und unter Rühren darin auflösen. Mango- und Zitronensaft zugeben, Obers vorsichtig unterheben.

Creme auf dem Schokotortenboden verstreichen und zum Festwerden ca. 4 Stunden kühl stellen.

Für die Garnitur Mango schälen, Kern entfernen, Fruchtfleisch in Stücke schneiden. Torte aus dem Tortenring schneiden, in Stücke portionieren und mit den Mangostücken garnieren.

glutenfrei ✔ hefefrei ✔

Mohntörtchen

Backblech mit Backpapier belegen. Backofen auf 160 °C vorheizen. Für die Mohnmasse Eier in Eidotter (Eigelb) und Eiklar (Eiweiß) trennen. Butter mit Melasse und Zitronenabrieb schaumig schlagen. Dotter nach und nach zugeben. Eiklar mit Kokosblütenzucker und einer Prise Salz zu Schnee schlagen und gemeinsam mit Mohn und Mehl unter den Butterabrieb heben. Teig auf das Backblech streichen und ca. 30 Minuten (mittlere Schiene) backen. Anschließend ca. 30 Minuten auskühlen lassen.

Für die Joghurtcreme Gelatine in kaltem Wasser einweichen. Joghurt, Honig und Vanillemark verrühren. Gelatine aus dem kalten Wasser herausnehmen, ausdrücken und in einem Topf auf dem Herd auflösen, ein wenig von der Joghurtmasse einrühren, dann restliche Masse zügig mit dem Schneebesen einrühren. Gehackte Melisseblätter einrühren. Creme ca. 1 Stunde kühl stellen.

Mohnboden halbieren und eine Hälfte auf dem Blech lassen. Auf dieser Hälfte die Joghurtcreme verstreichen, die zweite Hälfte drauflegen und ganz leicht andrücken. Kuchen zudecken und 60 Minuten kühl stellen.

Für die Erdbeersauce 100 g der Erdbeeren in Stücke schneiden. Restliche Erdbeeren pürieren, mit dem Saft einer halben Zitrone abschmecken und die Erdbeerstücke untermischen.

Aus dem Kuchen Scheiben (ca. 6,5 cm Ø) ausstechen. Törtchen mit Erdbeersauce anrichten und mit Hippenstangerln (siehe Seite 105) servieren.

hefefrei ✔

10 Stück

Zubereitung: 90 Minuten
Backzeit: 30 Minuten
Kühlen: 2 Stunden

Zutaten Mohnmasse
> 6 zimmerwarme Eier
> 150 g zimmerwarme Butter
> 100 g Melasse
> 100 Kokosblütenzucker
> 200 g gemahlener Mohn
> 50 g Vollkorn-Emmermehl
> Abrieb von 1/2 Bio-Zitrone

Joghurtcreme
> 500 g Joghurt
> 50 g Honig
> Mark von 1/2 Bourbon-Vanilleschote
> 3 Blatt Gelatine
> 5 Blätter frische Zitronenmelisse

Erdbeersauce
> 500 g Erdbeeren
> Saft von 1/2 Bio-Zitrone

Einkorn-Linzertorte mit Kokosblütenzucker

1 Torte (10–12 Stück)

Zubereitung: 60 Minuten
Backzeit: 50 Minuten

Zutaten
- 200 g Vollkorn-Einkornmehl
- 1/2 Pkg. Weinstein-Backpulver
- 200 g geröstete, geriebene Haselnüsse
- 200 g weiche Butter
- 150 g Kokosblütenzucker
- Mark von 1 Bourbon-Vanilleschote
- Abrieb von 1/2 Bio-Zitrone
- 1 Prise gemahlener Zimt
- 1 Prise Nelkenpulver
- 1 Prise Salz
- 2 mittelgroße Eier
- Butter und etwas Vollkornmehl für die Form

Garnitur
- 150 g Himbeermarmelade (-konfitüre) (gesüßt mit Apfelsaft)
- 2 EL Mandelblättchen

Backofen auf 170 °C vorheizen. Springform (Ø 24 cm) mit Butter ausstreichen und mit Mehl ausstreuen.

Mehl mit Backpulver und Nüssen vermischen. Butter, Kokosblütenzucker, das Mark der Vanilleschote, Zitronenabrieb, Zimt, Nelkenpulver und eine Prise Salz schaumig rühren, bis die Masse deutlich an Volumen zugenommen hat. Eier nach und nach einrühren. Nun die Mehl-Nuss-Mischung unterheben.

Zwei Drittel des Teiges in der Form verstreichen und gleichmäßig mit Marmelade bestreichen.

Den übrigen Teig in einen Dressiersack mit Sterntülle füllen. Zuerst einen Rand, dann ein Gitter auf die Torte dressieren. Die Torte mit Mandeln bestreuen und im Ofen (untere Schiene/Gitterrost) ca. 50 Minuten bei 170 °C backen.

laktosearm ✔ hefefrei ✔

Karotten-Apfeltorte

1 Torte (10 – 12 Stück)

Zubereitung: 60 Minuten
Backzeit: 50 Minuten

Zutaten
) 240 g Vollkorn-Emmermehl
) 40 g Haferflocken
) 1 Prise Salz
) 3 Eier
) 2 TL gemahlener Zimt
) 130 g Vollrohrzucker
) 360 g Joghurt
) 200 g geschälte und
  geriebene Äpfel
) 200 g geschälte und
  geriebene Karotten
) 50 g geröstete und
  gehackte Walnüsse
) 100 g Rosinen

Für die Form
) 2 EL Butter
) 1 EL Vollkorn-Emmermehl

Backofen auf 180 °C vorheizen. Tortenform mit flüssiger Butter ausstreichen und mit Mehl ausstreuen.

Eier mit Vollrohrzucker und Zimt schaumig schlagen. Alle trockenen Zutaten vermischen.

Äpfel, Karotten, Rosinen, Walnüsse und Joghurt mit den schaumig gerührten Eiern vermengen. Nun die trockenen Zutaten beifügen.

In die vorbereitete Tortenform (Ø 24 cm) füllen und bei 180 °C 50 Minuten backen.

hefefrei ✔

Schokoladen-Orangen-Tarte

Backofen auf 160 °C vorheizen. Alle Zutaten zu einem Teig kneten und 30 Minuten im Kühlschrank rasten lassen.

Teig ausrollen und die Tarte-Form (Ø 26 cm) damit ausdrücken. Tarte 10 Minuten bei 160 °C vorbacken.

Für die Füllung Dotter mit Vollrohrzucker schaumig schlagen. Obers mit der fein geriebenen Orangenschale aufkochen lassen. Gehackte Kuvertüre in das heiße Obers geben und ohne Hitze auflösen. Mit einem Kochlöffel die Obersmasse in die Dottermasse einrühren, dabei achtgeben, dass nicht zu viele Luftblasen entstehen.

Die Masse in die vorgebackene Tarte füllen und weitere 25 Minuten bei 140 °C backen.

Wenn die Tarte an der Oberfläche Risse bekommt, ist sie fertig gebacken und muss rasch aus dem Ofen genommen werden Die Tarte erst schneiden, wenn sie vollständig ausgekühlt ist. (Am besten über Nacht in den Kühlschrank stellen!)

hefefrei ✔

1 Tarte (12 – 14 Stück)

Zubereitung: 50 Minuten
Backzeit: 35 Minuten
Kühlen: am besten über Nacht

Zutaten Teig
⟩ 130 g Vollkorn-Einkornmehl
⟩ 90 ml Wasser
⟩ 20 g Sonnenblumenöl
⟩ 30 g Kokosblütenzucker

Fülle
⟩ 4 Eidotter (Eigelb)
⟩ 2 EL Vollrohrzucker
⟩ 300 ml Obers (Sahne)
⟩ 300 g dunkle Kuvertüre
⟩ Abrieb von 1 Bio-Orange

47

Heidelbeer-Tarte

1 Tarte (10–12 Stück)

Zubereitung: 50 Minuten
Backzeit: 45 Minuten

Zutaten Teig

⟩ 250 g Butter
⟩ 375 g Vollkorn-Dinkelmehl
⟩ 2 Eier
⟩ 100 g Kokosblütenzucker
⟩ 1 Prise Salz
⟩ Abrieb von 1 Bio-Zitrone

Fülle

⟩ 500 g Heidelbeeren
⟩ 250 ml Wasser
⟩ 30 g Maizena (Maisstärke)
⟩ Abrieb von 1/2 Bio-Orange
⟩ Abrieb von 1/2 Bio-Zitrone
⟩ 1 Prise gemahlener Kardamom
⟩ 1 Prise Zimt
⟩ 100 g Agavensirup

Für den Teig Butter mit Kokosblütenzucker, Zitronenabrieb und einer Prise Salz vermischen. Mehl und Eier dazugeben und zu einem Teig kneten. Achtung: Nicht zu lange kneten! Den Teig kurz kalt stellen, damit er sich später besser ausrollen lässt.

Für die Fülle die Hälfte der Heidelbeeren mit 200 ml Wasser, Orangen- und Zitronenabrieb, Kardamom und Zimt aufkochen lassen. Maizena mit 50 ml Wasser anrühren und in die kochende Flüssigkeit einrühren. Weitere 30 Sekunden kochen lassen. Vom Herd nehmen und die restlichen Heidelbeeren hinzufügen, mit 50 g Agavensirup süßen und kurz durchziehen lassen.

In der Zwischenzeit den Ofen auf 170 °C Ober- und Unterhitze vorheizen. Den Mürbteig ausrollen. Etwas Teig für die Streifen an der Oberseite der Tarte zur Seite legen. Teig in die Tarteform (Ø 24 cm) legen, andrücken, mit einer Gabel Löcher in den Teigboden stechen, damit keine Luftblasen entstehen.

10 Minuten bei 170 °C backen. Nach dem Backen die vorbereitete Heidelbeerfülle mit einem Löffel auf den vorgebackenen Teig gleichmäßig verteilen und den restlichen Teig in Streifen schneiden, in Gitterform auf die Heidelbeerfülle auflegen und mit dem restlichen Agavensirup bestreichen. Weitere 35 Minuten backen und die Tarte anschließend warm oder ausgekühlt servieren.

Tipp: Verwenden Sie, wenn möglich, bei diesem Rezept unbedingt Waldheidelbeeren! Mit den Zuchtheidelbeeren wird die Tarte nicht so geschmackvoll und erhält auch nicht die tiefviolette Farbe.

laktosearm ✔ hefefrei ✔

Apfeltorte mit Streuseln

1 Torte (10–12 Stück)

Zubereitung: 30 Minuten
Backzeit: 50 Minuten

Zutaten

⟩ 650 g Äpfel
⟩ 4 mittelgroße Eier
⟩ 200 g weiche Butter
⟩ Mark von
  1/2 Bourbon-Vanilleschote
⟩ Abrieb von 1 Bio-Zitrone
⟩ 100 g Sukrin
⟩ 30 g Maizena (Maisstärke)
⟩ 180 g Vollkorn-Einkornmehl
⟩ 1 Prise Salz

Streusel

⟩ 60 g kalte Butter
⟩ Abrieb von 1/2 Bio-Zitrone
⟩ 100 g Kokosblütenzucker
⟩ 1/2 TL gemahlener Zimt
⟩ 80 g Vollkorn-Einkornmehl
⟩ 1 Prise Salz

Für die Form

⟩ 2 EL Butter
⟩ 2 EL Vollkorn-Einkornmehl

Für die Streusel Butter in kleine Stücke schneiden und mit abgeriebener Zitronenschale, Kokosblütenzucker, Zimt und einer Prise Salz verkneten. Einkornmehl einstreuen und die Mischung zwischen den Handflächen verbröseln. Streusel kalt stellen.

Ofen auf 160 °C vorheizen. Springform (Ø 24 cm) mit Butter ausstreichen und mit Mehl ausstreuen.

Äpfel schälen, halbieren, entkernen und in 2 mm dicke Scheiben schneiden.

Eier trennen. Butter mit dem Mark der Vanilleschote, abgeriebener Zitronenschale, Sukrin, Stärke und einer Prise Salz schaumig rühren. Dotter (Eigelb) nach und nach unterrühren. Eiklar (Eiweiß) mit Sukrin zu cremigem Schnee schlagen. Schnee und Mehl abwechselnd unter die Buttermasse heben.

Masse in der Form verteilen und mit den Äpfeln belegen. Streusel darüber streuen. Kuchen im Ofen (mittlere Schiene) 50 Minuten backen. Herausnehmen und auskühlen lassen.

laktosearm ✔ hefefrei ✔

50

Kürbis-Joghurt-Tarte

1 Tarte (12 – 14 Stück)

Zubereitung: 90 Minuten
Backzeit: 40 Minuten
Kühlen: 20 Minuten

Zutaten
⟩ 180 g Kürbis (Hokkaido)
⟩ 130 g Vollkorn-Einkornmehl
⟩ 1 Pkg. Weinstein-Backpulver
⟩ 120 g gehackte Kürbiskerne
⟩ 3 mittelgroße Eier
⟩ 100 g Reissirup
⟩ Abrieb von 1 Bio-Zitrone
⟩ 150 g Joghurt
⟩ 5 EL Kürbiskernöl
⟩ 1 Prise Salz

Mousse und Garnitur
⟩ 200 ml Schlagobers (Sahne)
⟩ 1 mittelgroßes Ei
⟩ 70 ml Maracujasirup
⟩ 150 g geschmolzene
  weiße Kuvertüre
⟩ 100 g grob geraspelte
  weiße Kuvertüre

Ofen auf 160 °C vorheizen. Eine Tarteform (Ø 28 cm) vorbereiten. Kürbis schälen und grob raspeln. Mehl mit Backpulver versieben und Kürbiskerne untermischen. Eier mit Reissirup, Zitronenabrieb und einer Prise Salz schaumig schlagen. Joghurt und Kernöl einrühren, Kürbis und die Mehlmischung untermengen.

Masse gleichmäßig in der Form verteilen und im Ofen (mittlere Schiene/Gitterrost) ca. 40 Minuten backen. Tarte herausnehmen und auskühlen lassen.

Für die Mousse Obers schlagen und kühl stellen. Ei mit Maracujasirup verrühren und über Dampf dickcremig aufschlagen. Mischung vom Dampf nehmen und weiterrühren, bis sie abgekühlt ist. Geschmolzene Kuvertüre und die Hälfte vom Obers mit der Eimasse verrühren, übriges Obers unterheben.

Mousse für ca. 20 Minuten zugedeckt kühl stellen.

Mousse mit einem Löffel auf der Tarte verteilen und mit geraspelter Kuvertüre garnieren.

hefefrei ✔

Mini-Pavlovas mit Marillen-Mascarpone-Creme

Backofen auf 120 °C vorheizen. Eiklar mit Vollrohrzucker, Limettensaft und Maisstärke zu einem steifen Schnee aufschlagen.

Mit einem Löffel 2 cm hohe und 8 cm große Taler auf ein Backpapier aufstreichen. 60 Minuten bei 120 °C Heißluft backen. Nach dem Backen unbedingt in einer luftdichten Dose aufbewahren.

Für die Mascarponecreme Schlagobers mit Vanillemark und Honig cremig, aber nicht zu steif aufschlagen. Löffelweise Mascarpone mit dem Mixer auf niedriger Stufe einrühren, bis die Creme schaumig ist.

Vollreife Marillen entkernen, mit Limettensaft zu einem Mus einkochen und eventuell mit dem Stabmixer kurz pürieren.

Die Mascarponecreme auf die fertig gebackenen und ausgekühlten Pavlovas auftragen.

Die Pavlovas mit dem Marillenmus und frischen Früchten servieren.

Tipp: Die Creme zubereiten, während die Pavlovas im Ofen sind.

glutenfrei ✔ hefefrei ✔

22 Stück (ca. 8 cm Ø)

Zubereitung: 80 Minuten
Backzeit: 60 Minuten

Zutaten
⟩ 4 Eiklar (Eiweiß)
⟩ 200 g Vollrohrzucker
⟩ Saft von 1/2 Limette
⟩ 1 EL Maisstärke

Mascarponecreme
⟩ 500 g Mascarpone
⟩ Etwas Mark von
  1 Bourbon-Vanilleschote
⟩ 250 ml Schlagobers (Sahne)
⟩ 200 g frische Marillen
  (Aprikosen)
⟩ Saft von 1/2 Limette
⟩ 50 g Honig

⟩ Früchte der Saison

53

Für zwischendurch: Strudel und Kuchen

Nuss-Schoko-Birnenstrudel

1 Strudel (8 Portionen)

Zubereitung: 35 Minuten
Backzeit: 25 Minuten

Zutaten
〉 1 Pkg. Dinkelblätterteig
   (400 g)
〉 Vollkornmehl zum Stauben
〉 Wasser zum Bestreichen

Fülle
〉 250 g Birnen
〉 100 g ganze Haselnüsse
〉 50 g ganze Pekannüsse
〉 50 g dunkle Kuvertüre

Garnitur
〉 50 g Vollmilch-Kuvertüre

Ofen auf 180 °C vorheizen. Backblech mit Backpapier belegen. Für die Fülle Birnen schälen und das Kerngehäuse ausschneiden. Fruchtfleisch klein schneiden. Nüsse und Kuvertüre in kleine Stücke hacken.

Teig auf einer bemehlten Arbeitsfläche ausrollen (40 x 20 cm) und mit Birnen, Nüssen und Kuvertüre bestreuen. Teig über die Fülle eng einrollen, mit der Nahtstelle nach unten auf das Blech legen und mit Wasser bestreichen.

Strudel im Ofen (mittlere Schiene) ca. 25 Minuten backen, herausnehmen und auskühlen lassen.

Für die Garnitur Kuvertüre über Dampf schmelzen und in eine Papiertüte füllen. Strudel mit der Kuvertüre gitterförmig garnieren.

laktosefrei ✔ hefefrei ✔

Vollwertiger Apfelstrudel

1 Strudel (8 Portionen)

Zubereitung: 45 Minuten
Backzeit: 30 Minuten

Zutaten
⟩ 1 Pkg. Vollkornstrudelteig

Fülle und Walnussbrösel
⟩ 800 g säuerliche Äpfel
⟩ Saft und Abrieb von
  1 Bio-Zitrone
⟩ 2 Prisen Zimt
⟩ 2 EL Rum
⟩ 2 EL Rosinen
⟩ 120 g Apfelsüße
⟩ Mark von
  1/2 Bourbon-Vanilleschote
⟩ 60 g Walnussöl
⟩ 100 g Vollkorn-Dinkel-
  semmelbrösel
⟩ 100 g Sonnenblumenöl
  zum Bestreichen

Für die Fülle Äpfel schälen, vierteln, entkernen und blättrig schneiden. Saft und abgeriebene Schale der Zitrone, Zimt, Rum, Rosinen, Apfeldicksaft und Vanillemark untermischen. Fülle in einem Sieb abtropfen lassen.

Brösel in Walnussöl hellbraun rösten und in eine Schüssel geben.

Ofen auf 200 °C vorheizen. Backblech mit Backpapier belegen. Teig auf einem befeuchteten Tuch auflegen.

Teig mit Sonnenblumenöl beträufeln. Brösel, dann Fülle auf einem Drittel des Teiges verteilen, an den Seiten jeweils 3 cm frei lassen. Ränder einschlagen. Teig mit Hilfe des Tuches um die Fülle rollen, Enden zusammendrücken. Strudel mit der „Naht" nach unten diagonal auf das Blech legen und mit Öl bestreichen.

Strudel im Ofen (untere Schiene/Gitterrost) ca. 30 Minuten backen, anschließend überkühlen lassen. Warm oder kalt servieren.

laktosefrei ✔ hefefrei ✔ vegan ✔

Dinkelblätterteig-Röllchen

Backofen auf 180 °C vorheizen. Alle Trockenfrüchte klein schneiden. Kuvertüre im Wasserbad schmelzen. Geschmolzene Kuvertüre mit den klein geschnittenen Trockenfrüchten, den Gewürzen und dem Zitronenabrieb mischen.

Blätterteig aus der Verpackung nehmen. Der Länge nach halbieren. Die zwei Hälften in je 4 gleich große Rechtecke schneiden und die Fülle der Länge nach gleichmäßig aufteilen. Das Ei aufschlagen und mit einer Prise Salz verquirlen. Die Enden mit Ei bestreichen und nun jedes Stück zu einer Rolle formen. Auf ein Blech mit Backpapier setzen und nochmals mit Ei bestreichen.

20 Minuten bei 180 °C backen – und dazu ein Schälchen mit Wasser in den Ofen stellen. Der Dampf sorgt dafür, dass der Blätterteig besser aufgeht.

Tipp: Wer einen Combi-Dampfgarer besitzt, backt die Dinkelblätterteig-Röllchen mit Dampf und Heißluft.

laktosefrei ✔ hefefrei ✔ vegan ✔

8 Stück

Zubereitung: 35 Minuten
Backzeit: 20 Minuten

Zutaten

⟩ 1 Rolle Dinkelblätterteig (270 g)
⟩ 50 g Dörrpflaumen
⟩ 50 g getrocknete Marillen (Aprikosen)
⟩ 50 g getrocknete Datteln
⟩ 100 g geriebene Mandeln
⟩ 100 g dunkle Kuvertüre
⟩ 1 Prise gemahlener Kardamom
⟩ 1 Prise gemahlene Muskatnuss
⟩ 1 Prise Pfeffer aus der Mühle
⟩ 3 Koriandersamen (im Mörser zerstoßen oder gemahlen)
⟩ Etwas Abrieb von 1 Bio-Zitrone
⟩ 1 Ei zum Bestreichen
⟩ 1 Prise Salz

Dinkelapfeltaschen

20 Stück

Zubereitung: 45 Minuten
Ruhen: mindestens 2 Stunden
Backzeit: 15–20 Minuten

Zutaten Teig
⟩ 250 g Topfen (Quark)
  (20 % Fett)
⟩ 250 g Vollkorn-Dinkelmehl
⟩ 250 g Butter
⟩ Abrieb von 1 Bio-Zitrone
⟩ Etwas Dinkelmehl zum
  Ausrollen

Fülle
⟩ 1 kg säuerliche Äpfel
⟩ 1 TL gemahlener Zimt
⟩ Saft von 1 Zitrone
⟩ 150 g Rosinen nach Belieben

Alle Zutaten rasch zu einem Teig kneten. Im Kühlschrank mindestens 2 Stunden (oder am besten über Nacht) rasten lassen.

Backofen auf 180 °C vorheizen.

Äpfel schälen und auf einer groben Reibe reiben oder blättrig schneiden. Mit Zitronensaft, gemahlenem Zimt und den Rosinen vermischen und abschmecken.

Teig ca. 2 mm dünn ausrollen und in Quadrate von 10 x 10 cm schneiden. In die Mitte die marinierte Apfelfülle geben und zu Dreiecken zusammenfalten.

Bei 180 °C ca. 15–20 Minuten backen.

Tipp: Wenn Sie beim Ausrollen zu viel Mehl erwischt haben, bestreichen Sie die Ränder mit Wasser oder Ei, damit sie zusammenkleben und beim Backen nicht aufgehen.

hefefrei ✔

Dinkelbiskuitroulade

Backofen auf 200 °C Ober- und Unterhitze vorheizen. Eier in Eiklar (Eiweiß) und Eidotter (Eigelb) trennen. Dotter mit einem Drittel des Vollrohrzuckers aufschlagen, den Abrieb einer halben Zitrone und das Vanillemark beifügen. Eiklar mit dem restlichen Vollrohrzucker aufschlagen, Mehl hinzufügen und unter die Dottermasse mischen.

Die Masse gleichmäßig dick auf ein Backpapier streichen und auf ein Backblech legen. Bei 200 °C 10 Minuten backen.

Die fertig gebackene Roulade mit Vollrohrzucker bestreuen und mit der bestreuten Seite nach unten auf ein Backpapier legen. Auskühlen lassen.

Nun das Papier abziehen und mit Marmelade bestreichen und zusammenrollen.

Tipp: Verwenden Sie am besten Marmelade, die mit Apfelsaft oder Pektin gesüßt wurde, um zu viel Zucker zu vermeiden.

laktosefrei ✔ hefefrei ✔

1 Roulade (8–10 Stück)

Zubereitung: 25 Minuten
Backzeit: 10 Minuten

Zutaten
> 90 g Vollkorn-Dinkelmehl
> 5 Eier
> 100 g Vollrohrzucker
> Abrieb von 1/2 Bio-Zitrone
> Mark von
  1/2 Bourbon-Vanilleschote
> 150 g Marillenmarmelade
  (Aprikosenkonfitüre)
> Vollrohrzucker zum Bestreuen

Mohn-Marillen-Kuchen

1 Kuchen (15 Stück)

Zubereitung: 90 Minuten
Backzeit: 40 Minuten

Zutaten
⟩ 150 ml Sojamilch
⟩ 200 g gemahlener Mohn
⟩ 7 zimmerwarme Eier
⟩ 150 g zimmerwarme Butter
⟩ Abrieb von 1 Bio-Zitrone
⟩ 200 g Birkenzucker
⟩ 70 g Vollkorn-Emmermehl
⟩ Mark von
1/2 Bourbon-Vanilleschote

Einlage und Garnitur
⟩ 1 kg frische Marillen
(Aprikosen)

Sojamilch aufkochen lassen, Mohn einrühren, vom Herd nehmen und auskühlen lassen. Eine rechteckige Rahmenform (ca. 40 x 30 cm) mit Backpapier auskleiden. Marillen waschen, halbieren und entkernen und mit der Schnittfläche nach unten auf das Backpapier legen. Ofen auf 165 °C vorheizen.

Eier in Eidotter (Eigelb) und Eiklar (Eiweiß) trennen. Butter mit Vanille-mark und abgeriebener Zitronenschale schaumig rühren. Dotter nach und nach untermischen.

Eiklar mit Birkenzucker zu Schnee schlagen. Mohn unter die Butter rühren. Eischnee und Emmermehl vorsichtig unterziehen.

Masse auf den Marillenhälften gleichmäßig verstreichen. Kuchen im Backofen (mittlere Schiene) ca. 40 Minuten backen.

Kuchen aus dem Ofen nehmen, auskühlen lassen und mit Hilfe eines zweiten Bleches umdrehen – die Marillen sind nun oben.

laktosearm ✔ hefefrei ✔

Schneller Marillen-Braunhirse-Nusskuchen

1 Kuchen (16 Stück)

Zubereitung: 75 Minuten
Backzeit: 45 Minuten

Zutaten

⟩ 200 g fein geriebene
  Haselnüsse
⟩ 150 g gemahlene Braunhirse
⟩ 10 g Guarkernmehl
⟩ 250 g weiche Butter
⟩ 170 g Birkenzucker
⟩ Mark von
  1/2 Bourbon-Vanilleschote
⟩ Abrieb von 1 Bio-Zitrone
⟩ 4 Eier
⟩ 5 EL Rum

Belag

⟩ 900 g Marillen (Aprikosen)

Ofen auf 170 °C vorheizen. Backblech (40 x 30 cm) mit Backpapier belegen. Marillen halbieren und entkernen. Nüsse mit Braunhirse und Guarkernmehl mischen. Butter mit Birkenzucker, Vanillemark und abgeriebener Zitronenschale gut schaumig rühren (mindestens 10 Minuten). Eier nach und nach zugeben. Rum einrühren und Nussmischung unterheben.

Masse gleichmäßig auf dem Blech verstreichen und mit den Marillen (Schnittfläche oben) belegen. Kuchen im Ofen (mittlere Schiene) ca. 45 Minuten backen.

laktosearm ✔ glutenfrei ✔ hefefrei ✔

Trockenfrüchte-Röllchen mit Traminerschaum

För die Fülle Dörrpflaumen, Datteln und Feigen klein schneiden. Früchte mit Marmelade, Rum, Nüssen und den Gewürzen verrühren.

Ofen auf 160 °C Ofen vorheizen. Backblech mit Backpapier belegen. Ein Strudelblatt auf ein befeuchtetes Geschirrtuch legen und dünn mit Öl bestreichen. Zweites Blatt darauflegen und ebenfalls dünn mit Öl bestreichen, anschließend Strudelteig in 6 Rechtecke (ca. 15 x 12 cm) schneiden.

In die Mitte jedes Teigstückes ca. 1 EL von der Fülle setzen. Teig einrollen und die Enden der Röllchen vorsichtig zusammendrücken. Restlichen Teig und übrige Fülle ebenso verarbeiten.

Röllchen auf das Backblech legen und im Ofen (mittlere Schiene) ca. 12 Minuten backen. Röllchen herausnehmen und mit dem Traminerschaum anrichten.

Für den Traminerschaum Traminer, Eidotter und Birkenzucker glatt rühren und über Dampf (60 °C) aufschlagen. Mit Zitronenabrieb aromatisieren. Schaum vom Dampf nehmen und so lange weiterrühren, bis er dick-cremig ist.

laktosefrei ✔   hefefrei ✔   vegan (Röllchen ohne Traminerschaum) ✔

12 Stück (6 Portionen à 2 Stück)

Zubereitung: 30 Minuten
Backzeit: 12 Minuten

Zutaten
> 1 Pkg. Dinkelstrudelteig (4 Blätter)
> 100 g Haselnussöl

Fülle
> 80 g Dörrpflaumen
> 50 g getrocknete Datteln (ohne Kerne)
> 80 g getrocknete Feigen
> 100 g Marillenmarmelade (Aprikosenkonfitüre)
> 1 TL Rum
> 20 g gemahlene Haselnüsse
> 50 g grob gehackte Haselnüsse
> 1 Prise Piment
> 1 Prise gemahlene Nelken
> 1 Prise Kardamom

Traminerschaum
> 150 ml Gewürztraminer
> 6 Eidotter (Eigelb)
> 120 g Birkenzucker
> Abrieb von 1/2 Bio-Zitrone

65

Schokoladebonbons mit Karamell-Birnen-Sauce

**12 Stück
(6 Portionen à 2 Stück)**

Zubereitung: 40 Minuten
Kühlen: 5 Stunden
Backzeit: 5 Minuten

Zutaten

〉 1 Pkg. Vollkornstrudelteig
   (4 Blätter)
〉 80 g Kokosfett (zerlassen)
   zum Bestreichen
〉 500 g Kokosfett zum
   Herausbacken

Schokoladefülle

〉 100 ml Sojamilch
〉 150 g klein gehackte
   dunkle Kuvertüre
〉 2 EL Whisky
〉 200 g Bio-Rohmarzipan
   mit Rohrzucker

Karamell-Birnen-Sauce

〉 2 Birnen
〉 80 ml Wasser
〉 200 g Vollrohrzucker
〉 150 ml Sojamilch
〉 1 EL Birnenbrand

Sojamilch aufkochen lassen, dann vom Herd nehmen. Kuvertüre zugeben und unter Rühren schmelzen. Whiskey einrühren und die Mischung mit einem Pürierstab aufmixen. Creme in eine Schüssel füllen, mit Frischhaltefolie zudecken und ca. 5 Stunden kühlen.

Aus der Schokoladecreme 12 Portionen ausstechen und zu Kugeln formen. Auf einen Teller legen und ca. 10 Minuten tiefkühlen. Marzipan zu einer Rolle formen und in 12 gleich dicke Scheiben schneiden. Scheiben flach drücken und mit je einer Schokoladekugel belegen. Kugeln mit Marzipan umhüllen und wie Knödel formen.

Ein Strudelblatt auf ein feuchtes Tuch legen, mit zerlassenem Kokosfett bestreichen und mit einem zweiten Strudelblatt belegen. Teig mit Kokosfett bestreichen und in 6 Rechtecke schneiden. Jedes Teigstück mit einer Schokolade-Marzipan-Kugel belegen und einrollen. Die Enden der Röllchen zusammendrücken, Röllchen wie Bonbons formen. Restlichen Teig und übrige Fülle ebenso verarbeiten.

Ca. 3 Finger hoch Kokosfett erhitzen, Strudelbonbons in mehreren Arbeitsgängen rasch goldgelb backen, mit einem Siebschöpfer herausheben und auf Küchenpapier abtropfen lassen. Bonbons mit der Karamell-Birnen-Sauce servieren.

Für die Karamell-Birnen-Sauce Birnen schälen, halbieren und entkernen und in 1–2 cm große Stücke schneiden. Wasser mit Rohrzucker verrühren und bei starker Hitze so lange einkochen, bis sich die Mischung goldbraun verfärbt, dabei öfters umrühren.

Parallel dazu Sojamilch erhitzen und unter Rühren in die goldbraune Zuckermischung gießen. Sauce vom Herd nehmen, Birnenstücke untermischen und die Sauce mit Birnenbrand verfeinern.

laktosefrei ✔ hefefrei ✔ vegan ✔

Vollkorn-Strudelteig

1 Strudel (8 Portionen)

Zubereitung: 90 Minuten
Ruhen: 30 Minuten
Backzeit: 40–45 Minuten

Zutaten

⟩ 500 g Vollkorn-Dinkelmehl
⟩ 40 g Germ (Hefe)
⟩ 220 ml Dinkelmilch (alternativ
  Sojamilch oder Reismilch)
⟩ 70 g Kokosblütenzucker
⟩ 2 Eidotter (Eigelb)
⟩ 5 g Salz
⟩ Mark von
  1/2 Bourbon-Vanilleschote
⟩ Abrieb von 1 Bio-Zitrone
⟩ 1 Schuss Rum
⟩ 70 g flüssige Butter

Für die Herstellung eines Germteigs sollten alle Zutaten Raumtemperatur haben. Germ in der Dinkelmilch auflösen, Eidotter, Zitronenabrieb, Mark der Vanilleschote und Rum hinzufügen und mit dem Vollkornmehl kurz zu einem weichen Teig kneten. Zerlassene Butter und Salz dazugeben und mindestens 5 Minuten in der Küchenmaschine glatt kneten.

Da verschiedene Mehlsorten immer unterschiedlich viel Flüssigkeit aufnehmen, unter Umständen etwas mehr Flüssigkeit oder auch Mehl untermischen.

Den fertigen Germteig aus der Maschine nehmen, mit Frischhaltefolie in der Schüssel zudecken und gehen lassen, bis er sein Volumen verdoppelt hat. Anschließend kurz zusammenschlagen und noch mal kurz rasten lassen, dann kann der Teig ausgerollt werden.

Diesen Grundteig können Sie nun beliebig füllen (siehe rechts).

Fertige Strudel am Backblech bei Raumtemperatur 60 Minuten oder bei 37 °C im Backofen 30 Minuten gehen lassen und anschließend bei 160 °C ca. 40–45 Minuten im vorgeheizten Backofen backen.

Tipp: Sparen Sie nicht mit den aromatischen Geschmacksstoffen wie Zitronenabrieb, Vanillemark und Rum! Dieser Grundteig eignet sich auch für Striezel und Stückgebäck.

laktosearm ✔

Füllungen

Topfenfülle

⟩ 250 g Topfen (Quark)
⟩ 100 g Kokosblütenzucker
⟩ 20 g Maizena (Maisstärke)
⟩ 50 g Butter
⟩ 40 g Eidotter (Eigelb)
⟩ 40 g Rosinen
⟩ Mark von
  1/2 Bourbon-Vanilleschote
⟩ 1 Prise Zimt
⟩ Abrieb von 1 Bio-Zitrone
⟩ 1 Schuss Rum

Alle Zutaten außer den Rosinen glatt rühren, abschmecken und nach Belieben Rosinen beigeben.

Nussfülle

⟩ 200 ml Sojamilch
⟩ 100 g Gerstenmalz
⟩ 1 Prise Zimt
⟩ Etwas Abrieb von 1 Bio-Zitrone
⟩ 250 g geriebene Walnüsse
⟩ 100 g Dinkelsemmelbrösel
⟩ Rosinen oder auch andere
  Trockenfrüchte nach Belieben

Milch aufkochen lassen, die restlichen Zutaten beigeben und abschmecken.

Mohnfülle

⟩ 200 ml Reismilch
⟩ 125 g Reissirup
⟩ 250 g gemahlener Mohn
⟩ 125 g Dinkelsemmelbrösel
⟩ 50 g Rosinen
⟩ Etwas Mark von
  1 Bourbon-Vanilleschote
⟩ Abrieb von 1 Bio-Zitrone
⟩ 1 Schuss Rum

Reismilch mit dem Zitronenabrieb und dem Mark der Vanilleschote aufkochen lassen. Mohn untermischen, von der Herdplatte nehmen und etwas Rum und Reissirup dazugeben.

Braunhirse-Marmor-Gugelhupf

1 Gugelhupf (12 Stück)

Zubereitung: 90 Minuten
Backzeit: 60 Minuten
Kühlen: 10 Minuten

Zutaten

) 200 g gemahlene Braunhirse
) 90 g Maizena (Maisstärke)
) 20 g Kakao
) 3 EL Öl
) 1 EL Rum
) 7 mittelgroße Eier
) 350 g Butter
) 110 g Reissirup
) Mark von
  1/2 Bourbon-Vanilleschote
) Abrieb von 1 Bio-Zitrone
) 150 g Birkenzucker
) Salz, Butter
) Geriebene Mandeln
) Salz

Für die Form
) Butter
) Geriebene Mandeln

Ofen auf 160 °C vorheizen. Gugelhupfform (Inhalt 1,5 l) mit Butter ausstreichen und mit Mandeln ausstreuen. Braunhirse mit Maisstärke versieben. Kakao, Öl und Rum verrühren. Eier in Eidotter (Eigelb) und Eiklar (Eiweiß) trennen.

Butter, Reissirup, Vanillemark, abgeriebene Zitronenschale und eine Prise Salz schaumig rühren (mit der Küchenmaschine mindestens auf Stufe 5 oder mit dem Handmixer mindestens 10 Minuten). Dotter nach und nach zugeben und die Masse noch 1 Minute rühren.

Eiklar mit Birkenzucker zu dickcremigem Schnee schlagen. Ein Drittel davon mit dem Abtrieb verrühren. Braunhirse und übrigen Schnee unterheben.

Ein Drittel von der Masse mit der Kakaomischung einfärben. Helle und dunkle Masse abwechselnd in die Form füllen, mit einem Spieß Kreise in die Masse ziehen. Gugelhupf im Ofen (untere Schiene/Gitterrost) ca. 60 Minuten backen.

Gugelhupf aus dem Ofen nehmen und ca. 10 Minuten abkühlen lassen. Aus der Form stürzen und auskühlen lassen.

laktosearm ✔ glutenfrei ✔ hefefrei ✔

70

Becher-Nusskuchen mit Buchweizen

1 Kuchen (10 Stück)

Zubereitung: 60 Minuten
Backzeit: 50 Minuten

Zutaten
⟩ 1 Becher Buchweizenmehl
⟩ 1 Becher Vollrohrzucker
⟩ 3 Eier
⟩ 1/2 Becher Walnussöl
⟩ 1 Becher Schlagobers (Sahne)
  oder Sauerrahm (saure Sahne)
⟩ 1/2 Pkg. Weinstein-Backpulver
⟩ 1/2 Becher gemahlene Nüsse
⟩ 1/2 Becher Carobpulver

Backofen auf 160 °C Heißluft vorheizen. Kastenform (27 x 8 cm; 7 cm hoch) mit Backpapier auslegen. Eier mit Vollrohrzucker schaumig schlagen.

Alle trockenen Zutaten vermischen. In die schaumig geschlagene Eiermasse das Öl, Schlagobers oder Sauerrahm einrühren und mit den trockenen Zutaten vermischen.

Die Masse in die vorbereitete Kastenform füllen und auf der untersten Schiene des Backofens bei 160 °C 50 Minuten backen.

glutenfrei ✔ hefefrei ✔

Mandel-Marzipan-Kuchen mit Beeren

Backblech (40 x 30 cm) mit Backpapier belegen. Mehl mit den geriebenen Mandeln vermischen. Eier in Eidotter (Eigelb) und Eiklar (Eiweiß) trennen. 3 von den Dottern mit Marzipan glatt rühren. Butter, Kokosblütenzucker, Vanillemark und Zitronenabrieb zugeben und schaumig schlagen. Nach und nach die übrigen Dotter und den Rum unter Rühren zugeben. Eiklar mit Kokosblütenzucker zu festem Schnee schlagen. Schnee und Mehl-Mandelmischung unter die Marzipanmasse heben.

Ofen auf 160 °C vorheizen. Masse auf dem Blech verstreichen, die Hälfte von den Beeren und die Mandelblättchen darauf verteilen. Kuchen im Ofen (mittlere Schiene) ca. 50 Minuten backen. Herausnehmen und auskühlen lassen. Kuchen in Stücke schneiden und mit den übrigen Beeren garniert servieren.

laktosearm ✔ hefefrei ✔

1 Kuchen (16 Stück)

Zubereitung: 80 Minuten
Backzeit: 50 Minuten

Zutaten
〉 100 g Vollkorn-Emmermehl
〉 100 g fein geriebene Mandeln
〉 6 mittelgroße Eier
〉 100 g weiches Bio-Rohmarzipan
  mit Rohrzucker
〉 180 g weiche Butter
〉 170 g Kokosblütenzucker
〉 Mark von
  1/2 Bourbon-Vanilleschote
〉 Abrieb von 1/2 Bio-Zitrone
〉 100 ml Rum
〉 150 g Mandelblättchen

Garnitur
〉 250 g Heidelbeeren
〉 250 g Himbeeren

73

Gedeckter Apfelkuchen

1 Kuchen (20 Stück)

Zubereitung: 90 Minuten
Ruhen: 30 Minuten
Backzeit: 40 Minuten

Zutaten
) 450 g Vollkorn-Dinkelmehl
) 3 Eidotter (Eigelb)
) 300 g Butter
) Abrieb von 1 Bio-Zitrone
) 3 EL Rum und Milch
) Mark von
   1/2 Bourbon-Vanilleschote
) 1 Prise Salz
) 1 Ei zum Bestreichen

Fülle
) 2 kg geschälte und entkernte
   Äpfel (ca. 1,5 kg)
) Saft von 2 Zitronen
) 1 EL Rum
) 3 g Zimt
) 80 g geriebene Mandeln
) 200 g Rosinen

Butter in kleine Stücke schneiden, Mehl, abgeriebene Zitronenschale und das Mark einer halben Vanilleschote gut verbröseln. Dotter und Milch zugeben, salzen und rasch zu einem glatten Teig verkneten.

Teig in Frischhaltefolie wickeln und ca. 30 Minuten kühl rasten lassen. Backofen auf 180 °C vorheizen. Ein Stück Backpapier in Größe des Bleches zuschneiden.

Äpfel schälen, vierteln und das Kerngehäuse ausschneiden. Äpfel dünn blättrig schneiden und mit dem Zitronensaft beträufeln.

Die Hälfte des Teiges in Blechgröße ausrollen, am besten direkt auf dem Papier. Teig auf das Blech legen, in kurzen Abständen mit einer Gabel einstechen und im Ofen ca. 10 Minuten vorbacken.

Äpfel mit Rum, Zimt und Rosinen vermischen. Vorgebackenen Teigboden gleichmäßig mit Mandeln bestreuen, die Apfelmasse darauf verteilen und leicht andrücken.

Restlichen Mürbteig rechteckig in Größe des Bleches ausrollen und auf die Apfelfülle legen. Ei mit einer Prise Salz verrühren, den Teig damit bestreichen. Teig mit der Gabel mehrmals einstechen.

Kuchen im Ofen ca. 40 Minuten backen. Aus dem Ofen nehmen, auskühlen lassen und in Portionen aufteilen.

laktosearm ✔ hefefrei ✔

Zwetschkenfleck mit Emmerstreuseln

1 Kuchen (20 Stück)

Zubereitung: 90 Minuten
Ruhen: 60 Minuten
Backzeit: 50 Minuten

Teig
⟩ 500 g Vollkorn-Emmermehl
⟩ 40 g Germ (Hefe)
⟩ 220 ml Milch
⟩ 70 g Kokosblütenzucker
⟩ 40 g Eidotter (Eigelb)
⟩ 5 g Salz
⟩ Mark von
  1/2 Bourbon-Vanilleschote
⟩ Abrieb von 1 Bio-Zitrone
⟩ 2 EL Rum
⟩ 70 g flüssige Butter

Belag
⟩ 1 kg Zwetschken

Streusel
⟩ 100 g Butter
⟩ 100 g Kokosblütenzucker
⟩ 180 g Vollkorn-Emmermehl
⟩ 1 Prise Zimt

Für die Streusel Butter mit dem Kokosblütenzucker vermischen, mit Vollkorn-Emmermehl und Zimt verkneten und kalt stellen. Backblech mit Backpapier belegen.

Für den Teig das Vollkorn-Emmermehl mit Germ, Kokosblütenzucker, abgeriebener Zitronenschale und dem Vanillemark vermischen. Butter, Dotter, Ei und Milch zugeben und kneten, bis ein seidig glatter Teig entsteht.

Teig gleichmäßig dick auf das Backblech drücken, zudecken und ca. 1 Stunde aufgehen lassen.

Ofen auf 160 °C vorheizen. Zwetschken halbieren, aber nicht ganz durchschneiden und entsteinen. Fruchtfleisch mehrmals leicht einschneiden. Teig mit Zwetschken belegen, Streusel darüber streuen. Wenn die Streusel zu fest geworden sind, in Stücke brechen und gleichmäßig verteilen. Zwetschkenfleck im Ofen ca. 50 Minuten backen.

Aus Pfanne und Ofen: warme Süßspeisen

Haselnussauflauf mit Apfel-Karotten-Kompott

6 Portionen

Zubereitung: 35 Minuten
Backzeit: 40 Minuten

Zutaten
⟩ 4 Eier
⟩ 200 g Haselnüsse
⟩ 1 ML Guarkernmehl
⟩ 150 g Butter
⟩ 150 g Kokosblütenzucker

Für die Formen
⟩ 2 EL geriebene Nüsse
⟩ 2 EL zerlassene Butter

Apfel-Karotten-Kompott
⟩ 250 ml Wasser
⟩ 100 g Agavensirup
⟩ 1 Stange Zimt
⟩ 1 cm blättrig geschnittener
 frischer Ingwer
⟩ 2 Zacken eines Sternanis
⟩ Saft von 1 Zitrone
⟩ 3 Karotten
⟩ 3 Äpfel

Backofen auf 180 °C Ober- und Unterhitze vorheizen. Eine Form (am besten eine Bratenpfanne mit dünnem Boden) in den Ofen (untere Schiene/Gitterrost) stellen und zu ca. einem Drittel mit heißem Wasser füllen. Auflaufförmchen (Darioleförmchen à 125 ml) mit Butter ausstreichen und den geriebenen Nüssen ausstreuen.

Eier in Eidotter (Eigelb) und Eiklar (Eiweiß) trennen. Haselnüsse und Guarkernmehl vermischen. Butter mit einem Drittel des Kokosblütenzuckers schaumig schlagen, dann nach und nach die Eidotter zugeben und die Masse schaumig rühren. Eiklar mit Zucker zu cremigem Schnee schlagen und abwechselnd mit der Haselnuss-Guarkernmehl-Mischung unter den Butterabtrieb heben.

Masse in die Förmchen füllen, Förmchen ins Wasserbad stellen und die Aufläufe ca. 40 Minuten bei 180 °C im Ofen garen.

Die Haselnuss-Aufläufe aus den Förmchen stürzen und mit dem Apfel-Karotten-Kompott anrichten.

Für das Apfel-Karotten-Kompott Wasser, Zimtstange, Ingwer, Sternanis und Zitronensaft in einen Topf geben. Karotten schälen, in Streifen schneiden, ins Kompottwasser geben und erhitzen. Äpfel schälen, entkernen, in Spalten schneiden und beifügen. Kompott ca. 3 Minuten schwach köcheln lassen, vom Herd nehmen, mit Agavensirup süßen und abkühlen lassen.

glutenfrei ✔ hefefrei ✔ laktosearm ✔

Roggennudelauflauf mit Cranberrys

10 Portionen

Zubereitung: 45 Minuten
Backzeit: 30 Minuten

Zutaten

〉 200 g Vollkorn-Roggennudeln
〉 150 g getrocknete Cranberrys
〉 60 g Vollrohrzucker
〉 Abrieb von 1 Bio-Orange
〉 4 Eier
〉 250 ml Milch
〉 200 g Cottage Cheese
  (Löffelkäse)

Vollwertnudeln in reichlich Salzwasser al dente kochen. Abseihen und kurz mit kaltem Wasser abschrecken.

Backofen auf 180 °C vorheizen.

Vollrohrzucker, fein geriebene Orangenschale, Eier, Milch und Cottage Cheese gut vermischen.

Die Nudeln in die Form (25 x 21 cm) geben, Cranberrys darunter mischen, das Cottage-Cheese-Gemisch darüber gießen und auf der unteren Schiene des Backofens 30 Minuten bei 180 °C backen.

hefefrei ✔

Apfel-Buchweizen-Auflauf

Backofen vorheizen. Buchweizen mit kaltem Wasser ordentlich waschen. In einer Pfanne ohne Öl anrösten. Mit der Reismilch aufgießen, Vanilleschote dazugeben und 20 Minuten leicht köcheln lassen. 10 Minuten ausdampfen lassen.

Währenddessen die Äpfel gut waschen und mit der Schale in kleine Würfel schneiden. Mit Zitronensaft beträufeln, damit sie nicht so schnell braun werden.

Weiße Kuvertüre in kleine Stücke hacken. Melisse und Minze auch fein hacken.

Die Vanilleschote aus dem gekochten Buchweizen entfernen und die Eier, den Apfelsirup und die gehackten Kräuter einrühren.

Diese Masse auf dem Backblech (40 x 25 cm) verteilen, die Äpfel sowie die gehackte Kuvertüre darüber streuen und 40 Minuten bei 160 °C backen.

glutenfrei ✔ **hefefrei** ✔

16 Portionen

Zubereitung: 80 Minuten
Backzeit: 40 Minuten

Zutaten

⟩ 500 g ganzer Buchweizen
⟩ 1 l Reismilch
⟩ 1/2 Bourbon-Vanilleschote
⟩ 4 Eier
⟩ 150 g Apfelsirup
⟩ 10 Blätter Zitronenmelisse
⟩ 5 Blätter Ananasminze
⟩ 100 g weiße Kuvertüre
⟩ 600 g Äpfel
⟩ 1 Zitrone

Carob-Reis-Auflauf mit Himbeersauce

4 Portionen

Zubereitung: 60 Minuten
Backzeit: 30 Minuten

Zutaten

⟩ 350 ml Reismilch
⟩ 100 g Vollkorn-Rundkornreis
⟩ Abrieb von 1/2 Bio-Orange
⟩ Abrieb von 1/2 Bio-Zitrone
⟩ 2 mittelgroße Eier
⟩ 60 g Butter
⟩ 70 g Zuckerrübensirup
⟩ 1 EL Carobpulver
⟩ 1 Prise Salz
⟩ Butter für die Formen

Himbeersauce

⟩ 300 g tiefgekühlte Himbeeren
   (auftauen lassen)
⟩ 20 g Agavensirup
⟩ Etwas Mark von
   1 Bourbon-Vanilleschote

Ofen auf 160 °C vorheizen. Vier Auflaufförmchen (à 125 ml) mit Butter ausstreichen. Reis, Milch, eine Prise Salz, Orangen- und Zitronenabrieb vermischen, aufkochen lassen und ca. 40 Minuten weich garen. Vom Herd nehmen und gut auskühlen lassen.

Eier in Eidotter (Eigelb) und Eiklar (Eiweiß) trennen. Butter schaumig schlagen, Eidotter nach und nach unterrühren, dann Reis untermischen. Eiklar mit Zuckerrübensirup zu Schnee schlagen und unter die Reismasse heben. Ein Drittel von der Reismasse mit dem Carobpulver vermischen. Helle und dunkle Reismasse abwechselnd in die Förmchen füllen.

Aufläufe im Ofen (untere Schiene/Gitterrost) ca. 30 Minuten bei 160 °C backen.

Für die Sauce Himbeeren mit Agavensirup pürieren und mit etwas Vanillemark aromatisieren. Die gebackenen Aufläufe mit der Himbeersauce garnieren und warm servieren.

laktosearm ✔ glutenfrei ✔ hefefrei ✔

Grießauflauf mit Kirschenkompott

4–6 Portionen

Vorbereitung: 40 Minuten
Backzeit: 20 Minuten

Zutaten

- 75 g Butter
- 40 g Agavensirup
- 2 Eier
- 75 g Vollkorn-Weizengrieß
- Abrieb von 1/2 Bio-Zitrone
- Mark von
  1/2 Bourbon-Vanilleschote
- Etwas Butter und geriebene
  Nüsse für die Formen

Kirschenkompott

- 1 Zimtrinde
- 500 g Kirschen
- 300 ml Wasser
- 50 g Gerstenmalz
- 1 Prise Kardamom
- 1 Bio-Orange

Backofen auf 160 °C Ober und Unterhitze vorheizen. Butter schmelzen, mit einem Pinsel die Auflaufformen (Darioleformen à 125–150 ml) ausstreichen und mit Nüssen ausstreuen.

Die Butter auf Zimmertemperatur bringen und mit der Hälfte des Agavensirups und Vanillemark schaumig aufschlagen. Eier trennen und die Eidotter (Eigelb) mit dem Mixer nach und nach zur schaumig geschlagenen Butter einrühren. Mit etwas Zitronenabrieb aromatisieren. Das Eiklar (Eiweiß) mit dem restlichen Agavensirup aufschlagen. Unter Zugabe von Grieß und dem geschlagenen Eiklar alles unter das Buttergemisch rühren.

Die Masse in die vorbereiteten Formen füllen und 20 Minuten bei 160 °C backen.

Für das Kirschenkompott Kirschen entkernen. Wasser mit Kirschen, Gerstenmalz, Zimtrinde, einer Prise Kardamom und einem Stück Orangenschale zum Kochen bringen. 5 Minuten kochen lassen, vom Herd nehmen und auskühlen lassen.

Den Grießauflauf mit dem Kirschenkompott servieren.

laktosearm ✔ hefefrei ✔

Quinoa-Buchweizen-Auflauf mit Birnen

16 kleine Portionen

Zubereitung: 70 Minuten
Backzeit: 40 Minuten

Zutaten

⟩ 330 g Quinoa
⟩ 600 ml Hafermilch
⟩ Abrieb von 1 Bio-Orange
⟩ 7 Anissamen
  (im Mörser zerdrückt)
⟩ 1 Prise gemahlene Nelken
⟩ 1 Prise gemahlener Kardamom
⟩ 4 Eier
⟩ 150 g Melasse
⟩ 10 g Guarkernmehl
⟩ 40 g Buchweizenmehl
⟩ 500 g sehr reife, süße Birnen

Backofen auf 160 °C Ober- und Unterhitze vorheizen. Birnen gut waschen, halbieren, entkernen und in 1 cm dicke Spalten schneiden.

Quinoa unter kaltem Wasser abspülen. Hafermilch erhitzen, Quinoa dazugeben und mit Orangenabrieb, Anis, Nelken und Kardamom 15 Minuten auf kleiner Flamme köcheln lassen. Masse etwas überkühlen lassen.

Inzwischen Eier in Eidotter (Eigelb) und Eiklar (Eiweiß) trennen. Eidotter in die Quinoa-Masse einrühren. Eiklar mit 100 g der Melasse schaumig schlagen. Guarkernmehl und Buchweizenmehl miteinander vermischen. Quinoamasse, Eischnee und Mehlgemisch miteinander vermengen.

Die Hälfte der Masse in eine Auflaufform (20 x 30 cm) streichen. Birnenspalten gleichmäßig darauf verteilen und mit der restlichen Masse bedecken.

Ein tiefes Backblech (40 x 25 cm) mit ca. 1 cm Wasser auffüllen und die Auflaufform darauf stellen. Nun bei 160 °C 40 Minuten backen.

Aus dem Ofen nehmen, etwas überkühlen lassen und in rechteckige Stücke schneiden. Je nach gewünschter Süße die restliche Melasse mit einem Löffel über den Auflauf ziehen.

laktosefrei ✔ glutenfrei ✔ hefefrei ✔

Rhabarber-Roggen-Crumble

Backofen auf 180 °C vorheizen. Roggenmehl, Haferschrot, Birkenzucker, Butter, Sesam, alle Gewürze und Zitronenabrieb vermischen.

Äpfel und Rhabarber schälen und in Stücke schneiden, mit den Cranberrys und dem Birkenzucker vermischen und in eine Auflaufform (ca. 30 x 20 cm; ca. 5 cm hoch) füllen.

Mit der Roggen-Hafermischung bestreuen und 45 Minuten bei 180 °C backen.

Tipp: Mit Eis oder Vanillesauce servieren (ist dann jedoch nicht mehr laktosearm).

laktosearm ✔ hefefrei ✔

8 Portionen (als Dessert) oder 4 Hauptspeisen

Zubereitung: 60 Minuten
Backzeit: 45 Minuten

Zutaten
⟩ 125 g Vollkorn-Roggenmehl
⟩ 50 g Haferflockenschrot
⟩ 50 g zimmerwarme Butter
⟩ 50 g Birkenzucker
⟩ 1 EL Sesam
⟩ Gemahlener Zimt
⟩ Etwas Abrieb von 1 Bio-Zitrone
⟩ 1 Kardamomkapsel
  (im Mörser zerdrücken) oder
  1 Prise gemahlener Kardamom
⟩ 500 g Äpfel mit Schale
⟩ 50 g getrocknete Cranberrys
  oder Rosinen
⟩ 450 g Rhabarber mit Schale
⟩ 50 g Birkenzucker

Rahmdalken
mit Powidl und Sauerrahm

4 Portionen (à 3 Stück)

Zubereitung: 30 Minuten

Zutaten

> 4 Eier
> 125 g Sauerrahm (saure Sahne)
> Mark von
> 1/2 Bourbon-Vanilleschote
> 100 g Vollkorn-Emmermehl
> 100 g Vollrohrzucker
> 150 g Powidl (Pflaumenmus)
> 100 g Sauerrahm (saure Sahne)

Für die Dalken Eier trennen. Eidotter (Eigelb) mit Rahm, Vanillemark und Vollkorn-Emmermehl glatt rühren. Eiklar (Eiweiß) mit Rohrzucker zu Schnee schlagen und unterheben.

Ofen auf 100 °C vorheizen. In einer Pfanne wenig Öl erhitzen. Pro Dalken 1 1/2 EL Masse in die Pfanne setzen und bei mittlerer Hitze beidseitig goldbraun backen. Gebackene Dalken im Ofen warm halten.

Dalken abwechselnd mit Powidl und Sauerrahm füllen.

hefefrei ✔

Dinkelpalatschinken mit Honigbananen

6 Palatschinken

Zubereitung: 15 Minuten

Zutaten

⟩ 250 ml Sojamilch
⟩ 2 Eier
⟩ 100 g Vollkorn-Dinkelmehl
⟩ Sonnenblumenöl
  zum Herausbraten
⟩ 3 Bananen
⟩ 50 g Honig

Alle Zutaten zu einem glatten Teig rühren und 5 Minuten quellen lassen. Etwas Öl in der Pfanne (Ø ca. 22 cm) erhitzen und den Palatschinkenteig portionsweise hineingießen. Palatschinke wenden und auf beiden Seiten goldgelb braten.

Bananen schälen, in Scheiben schneiden und in einer Pfanne anbraten. Mit Honig übergießen. Palatschinken mit den Honigbananen füllen und in Viertel falten oder rollen.

laktosefrei ✔

Erdbeer-Milchreis-Cannelloni mit Rosmarin-Sabayon

Reis in einem Sieb mit kaltem Wasser abspülen und abtropfen lassen. Milch mit Reissirup, Salz und abgeriebener Zitronenschale aufkochen lassen. Reis zugeben, bis auf einen Spalt zudecken und bei schwacher Hitze ca. 50 Minuten köcheln, dabei ab und zu umrühren. Den Reis in eine Schüssel umfüllen und auskühlen lassen.

Erdbeeren kleinwürfelig schneiden und unter den Reis mischen. Frühlingsrollen-Teigblätter mit Ei bestreichen. Je 1 EL Erdbeer-Reis darauf setzen und Röllchen formen. Teigblätter seitlich einschlagen und über die Fülle einrollen.

Öl erhitzen. Röllchen in heißem Öl goldgelb backen, auf Küchenpapier kurz abtropfen lassen.

Für die Sabayon alle Zutaten zusammen über heißem Wasserbad schaumig aufschlagen. Anschließend in der Küchenmaschine auf mittlerer Stufe mindestens 15 Minuten schlagen, bis der Schaum cremig locker ist.

Die Erdbeer-Milchreis-Cannelloni diagonal durchschneiden und auf der Rosmarin-Sabayon warm servieren.

laktosefrei ✔ hefefrei ✔

4 Portionen (à 3 Röllchen)

Zubereitung: 75 Minuten

Zutaten
⟩ 90 g Vollkorn-Rundkornreis
⟩ 350 ml Bio-Reismilch
⟩ 50 g Reissirup
⟩ 1 Prise Salz
⟩ Abrieb von 1 Bio-Zitrone
⟩ 100 g Erdbeeren
⟩ 12 Blatt Frühlingsrollenteig
  (250-g-Packung; 10 x 10 cm)
⟩ 1 Ei zum Bestreichen
⟩ Ca. 150 ml Öl zum Frittieren

Rosmarin-Sabayon
⟩ 4 Eidotter (Eigelb)
⟩ 80 g Vollrohrzucker
⟩ 100 ml fruchtiger Wein
  (z. B. Gelber Muskateller)
⟩ 1 EL fein gehackter Rosmarin

93

Topfenschmarren mit aromatischer Heidelbeersauce

4 Portionen (als Dessert) bzw. 2 Hauptspeisen

Zubereitung: 40 Minuten

Zutaten
) 2 EL Vollkorn-Dinkelmehl
) 1 EL Stärkemehl
) 3 Eier
) 125 g Magertopfen (-quark) (Flüssigkeit abgießen)
) 50 g Sukrin
) 2 EL Butter

Heidelbeersauce
) 1 Bio-Orange
) 300 g Heidelbeeren
) 1 TL frischer Orangenthymian
) 1 TL Stärkemehl

Für die Sauce Orange auspressen und aufkochen lassen. Stärke mit 2 TL Wasser vermengen, in den Saft rühren und kochen, bis die Sauce leicht eindickt (ca. 1 Minute). Dann vom Herd nehmen, Heidelbeeren und gehackten Orangenthymian zugeben und auskühlen lassen.

Mehl und Stärke versieben, Eier in Eidotter (Eigelb) und Eiklar (Eiweiß) trennen. Dotter mit Topfen glatt rühren. Eiklar mit Sukrin aufschlagen. Schnee gemeinsam mit der Mehlmischung unter die Topfenmasse heben.

Butter in der Pfanne erhitzen, Teig darin verteilen und backen, bis die Unterseite hellbraun ist. Masse vierteln oder halbieren und wenden. Schmarren fertig backen, mit zwei Gabeln in Stücke teilen. Anrichten und mit der Sauce servieren.

hefefrei ✔

Buchweizenblinis mit Orangenthymian

20 Stück (5 cm Ø)

Zubereitung: 30 Minuten

Zutaten
- 250 g Buchweizenmehl
- 20 g Haselnussöl
- 5 g Germ (Hefe)
- 250 ml Sojamilch (oder Reismilch)
- 3 Eier
- 1 Prise Salz
- 1 Zweig Orangenthymian
- Sonnenblumenöl zum Braten
- 200 g Sauerrahm (saure Sahne)
- 100 g Honig
- Frische Früchte der Saison

Milch etwas anwärmen. 1 ganzes Ei und 2 Eidotter (Eigelb) in die Milch einrühren. Germ in das Mehl bröseln. Haselnussöl und Salz dazugeben.

Orangenthymian fein hacken. Mehl mit Germ in das Milch-Ei-Gemisch einrühren, die Butter mit dem Salz und dem Orangenthymian untermischen und rasch zu einem Teig kneten.

Teig gehen lassen, anschließend abermals kräftig durchkneten. Mit einem Löffel kleine Portionen entnehmen und in einer Pfanne mit etwas Öl herausbraten.

Mit Sauerrahm, Honig und frischen Früchten servieren.

Tipp: Diese Blinis eignen sich auch für eine pikante Speise – mit würzigem Frischkäse und Lachs machen Sie daraus eine edle und glutenfreie Vor- oder Hauptspeise.

laktosefrei ✔ glutenfrei ✔

Wäschermädl-Spieße

Für den Teig Eier in Eidotter (Eigelb) und Eiklar (Eiweiß) trennen. Mehl mit Sojamilch, dann mit den Dottern, dem Vanillemark, abgeriebener Zitronenschale und einer Prise Salz glatt rühren.

Eiklar kurz aufschlagen, Zucker langsam einrieseln lassen und das Eiklar zu cremigem Schnee schlagen. Schnee behutsam unter den Teig heben. Teig ca. 15 Minuten rasten lassen.

Je 2 Marillen auf kleine Holzspieße stecken. In einem Topf das Kokosfett erhitzen. Marillen in den Teig tauchen, ein wenig abtropfen lassen und in heißem Fett goldbraun backen. Mit einem Gitterlöffel herausheben und auf Küchenpapier gut abtropfen lassen. Spieße anrichten, mit Zucker bestreuen und mit Marzipansauce servieren.

Für die Sauce Marzipan klein schneiden. Milch mit Zimt und Salz aufkochen lassen, Marzipan zugeben und unter Rühren in der Milch auflösen. Sauce mit einem Schneebesen schaumig schlagen.

laktosefrei ✔ hefefrei ✔ vegan ✔

4 Portionen (à 3 Stück)

Zubereitung: 40 Minuten

Zutaten
⟩ 250 g getrocknete Marillen (Aprikosen)

Teig
⟩ 2 mittelgroße Eier
⟩ 100 g Vollkorn-Dinkelmehl
⟩ 125 ml Sojamilch
⟩ Mark von 1/2 Bourbon-Vanilleschote
⟩ Abrieb von 1/2 Bio-Zitrone
⟩ 70 g Vollrohrzucker
⟩ 250 g Kokosfett

Marzipansauce
⟩ 150 g Bio-Rohmarzipan mit Rohrzucker
⟩ 250 ml Sojamilch
⟩ 1 Prise Salz
⟩ 3 Prisen Zimt

97

Für besinnliche Stunden: Desserts und Weihnachtsbäckerei

Dinkel-Apfel-Tiramisu

8–12 Portionen

Zubereitung: 30 Minuten
Kühlen: 3 Stunden

Zutaten

⟩ 500 g Mascarpone
⟩ 3 Eidotter (Eigelb)
⟩ Etwas Abrieb von 1 Bio-Zitrone
⟩ 70 g Bio-Apfelsüße
⟩ 250 g Schlagobers (Sahne)
⟩ 1 Pkg. Vollkorn-Dinkelbiskotten
⟩ 400 ml Kaffee
⟩ Edelbitter-Kakaopulver

Eidotter und Apfelsüße über Wasserbad warm und danach kalt schlagen. Schlagobers steif schlagen.

Mascarpone zur Dottermasse rühren und aufschlagen, bis die Masse schaumig ist. Zitronenabrieb beifügen, Schlagobers unterheben und in die vorbereitete Form (15 x 25 cm) oder in Portionsschälchen bzw. Gläser füllen.

Etwas Mascarpone in die Form streichen. Die Dinkelbiskotten mit kaltem Kaffee tränken und die erste Schicht auf die Creme in den Formen platzieren. Darauf wieder Creme streichen und dies so lange wiederholen, bis die Biskotten aufgebraucht sind. Üblicherweise werden 3 Lagen Creme und 2 Lagen Biskotten übereinander geschichtet – den Abschluss bildet immer die Creme.

Mindestens 3 Stunden in den Kühlschrank stellen. Vor dem Servieren mit Edelbitter-Kakaopulver bestreuen.

hefefrei ✔

Zartherbe Mousse au Chocolat

Kuvertüre im Wasserbad schmelzen (Achtung: Wasser sollte nicht kochen – maximal 60 °C), etwas überkühlen lassen.

Eier über Wasserdampf so lange mixen, bis die Masse deutlich an Volumen zugenommen hat. Danach kalt weiterschlagen.

Schlagobers aufschlagen. Kuvertüre in die schaumig geschlagenen Eier einrühren. Mit einem Schuss Alkohol oder wenigen Tropfen ätherischem Öl aromatisieren. Schlagobers unterziehen und in Gläser abfüllen. Mindestens 60 Minuten kalt stellen, damit die Mousse fest wird.

Tipp: Mit hochwertigem Pfefferminzöl verfeinern Sie diese Mousse zu einem edlen und kühlenden Dessert für heiße Tage!

glutenfrei ✔ hefefrei ✔

8 Portionen

Zubereitung: 20 Minuten
Kühlen: 60 Minuten

Zutaten
⟩ 250 g dunkle Kuvertüre
⟩ 3 Eier
⟩ 500 ml Schlagobers (Sahne)
⟩ Alkohol oder ätherisches Öl zum Parfümieren

Grieß-Honig-Mus mit Orangenlikör und marinierten Weichseln

4 Portionen

Zubereitung: 15 Minuten
Kühlen: 6 Stunden

Zutaten

) 2 Blatt Gelatine
) 250 ml Hafermilch
) 30 g Butter
) 100 g Honig
) 50 g feiner
   Vollkorn-Weizengrieß
) 1 EL Orangenlikör
) 250 ml Schlagobers (Sahne)

Marinierte Weichseln

) 50 g Speisestärke
) 200 ml Weichselkompottsaft
) 50 g Ahornsirup
) 1 Prise gemahlener Zimt
) 300 g Wechselkompott
   (Sauerkirschenkompott)
) 5 Blätter Schokoladenminze

Für die Weichseln Stärke mit 2 EL kaltem Wasser verrühren. Kompottsaft mit Ahornsirup und Zimt verrühren und aufkochen lassen. Stärkemischung einrühren und ca. 1 Minute unter Rühren köcheln. Weichseln untermischen, kurz ziehen lassen, vom Herd nehmen und auskühlen lassen. Minzeblätter abzupfen und darunter rühren.

Gelatine in kaltem Wasser einweichen. Hafermilch mit Butter aufkochen lassen, Grieß unter Rühren einrieseln lassen und bei schwacher Hitze dick einkochen lassen (dauert ca. 2 Minuten).

Masse vom Herd nehmen, Gelatine ausdrücken und darin auflösen, Orangenlikör und Honig einrühren. Grießmasse in eine Schüssel füllen, diese in kaltes Wasser stellen und die Masse unter Rühren, auf Zimmertemperatur abkühlen lassen.

Obers schlagen und unterheben. Grießmus mit Frischhaltefolie zudecken und zum Festwerden ca. 6 Stunden kühlen.

Aus dem Mus mit einem Eisportionierer Kugeln ausstechen, den Eisportionierer dabei immer wieder in warmes Wasser tauchen. Grießmus mit den marinierten Weichseln anrichten.

laktosearm ✔ hefefrei ✔

102

Einkorn-Vollkorn-Mürbteig

30 Stück

Zubereitung: 10 Minuten
Backzeit: 10 Minuten

Zutaten
⟩ 60 g Butter
⟩ 90 g Vollkorn-Einkornmehl
⟩ 30 g Kokosblütenzucker
⟩ 1 Prise getrockneter und
  gemahlener Ingwer
⟩ 1 Prise gemahlener Zimt
⟩ 1 Prise gemahlene Muskatnuss
⟩ 1 Prise Salz

Alle Zutaten mit den Gewürzen rasch zu einem Teig verkneten. Kekse formen und ca. 10 Minuten bei 180 °C backen.

Tipp: Dieser Grundteig eignet sich perfekt für Linzeraugen, Weihnachtssterne, mürbe Kekse etc.

laktosearm ✔ hefefrei ✔

Linzeraugen

55 Stück

Zubereitung: 45 Minuten
Backzeit: 10 Minuten

Grundteig
⟩ siehe oben

Für die Fülle
⟩ Marmelade (Konfitüre) nach
  Belieben (mit Apfelsaft gesüßt)

Zur Dekoration
⟩ 50 g weiße Kuvertüre

Keksteig ausrollen und mit einem runden Ausstecher in der Größe von 3–4 cm Taler ausstechen. Auf das Backblech legen und bei der Hälfte der ausgestochenen Teile ein Loch in der Mitte ausstechen. Nun ca. 10 Minuten bei 180 °C backen, anschließend auskühlen lassen.

Zum Füllen der Linzeraugen die Unterteile mit Marmelade bestreichen. Für die Oberteile weiße Kuvertüre schmelzen und mit einer Papiertüte dekorative Striche auf den gebackenen Teilen ziehen. Nun Unter- und Oberteil zusammensetzen.

Weihnachtstipp: Weihnachtssterne stellen Sie genau so her, verwenden aber statt der runden sternförmige Ausstecher!

hefefrei ✔

Hippenstangerln mit Mohn

Butter schmelzen und mit den anderen Zutaten zu einem glatten Teig rühren, Masse ca. 30 Minuten rasten lassen.

Backofen auf 160 °C Ober- und Unterhitze vorheizen. Blech mit Backpapier belegen.

Masse mit einem Dressiersack (ohne Tülle) auf das Backblech dressieren und mit Mohn bestreuen. Ca. 10 Minuten im Backofen backen lassen, bis die Stangen eine hellbraune Tönung annehmen und anschließend auskühlen lassen. Die Stangen werden erst nach dem Auskühlen knusprig.

Tipp: Übrig gebliebene Hippenstangerln in eine dicht schließende Dose legen – so kann man sie fürs nächste Dessert aufbewahren.

laktosearm ✔ hefefrei ✔

20 Stück

Zubereitung: 60 Minuten
Backzeit: 10 Minuten

Zutaten
) 1 Eiklar (Eiweiß)
) 30 g Butter
) 30 g Vollkorn-Einkornmehl
) 30 g Agavensirup
) 1 Handvoll gemahlener Mohn

Roggen-Haselnuss-Herzen

8 Herzen

Zubereitung: 50 Minuten
Backzeit: 35 Minuten

Zutaten
〉 70 g Butter
〉 60 g Reissirup
〉 1 Ei
〉 90 g Vollkorn-Roggenmehl
〉 20 g Carobpulver
   (alternativ Kakaopulver)
〉 30 g geriebene Haselnüsse
〉 1 Prise Weinstein-Backpulver
〉 100 g dunkle Kuvertüre
〉 2 EL grob gehackte Haselnüsse

Ofen auf 170 °C vorheizen. Butter mit Reissirup schaumig schlagen, bis sich das Volumen verdoppelt hat. Dann das Ei einrühren und Roggenmehl, Carobpulver (oder Kakao), Nüsse und Backpulver untermischen. Masse in die Silikon-Herzform füllen und ca. 35 Minuten backen.

Herzen etwas überkühlen lassen, dann aus der Form nehmen. Schokolade schmelzen, die Vertiefungen der Herzen damit füllen und mit gehackten Haselnüssen bestreuen.

laktosearm ✔ hefefrei ✔

Haselnuss-Brownies

12–16 Stück

Zubereitung: 40 Minuten
Backzeit: 25 Minuten

Zutaten

⟩ 1 Becher Sojajoghurt (250 g)
⟩ 1 Becher veganes Kakaopulver
  oder 1/2 Becher Carobpulver
⟩ 1/2 Becher Haselnussöl
⟩ 1 Becher Vollrohrzucker
⟩ 1 Becher fein geriebene
  Haselnüsse
⟩ 1 Becher Vollkorn-Dinkelmehl
⟩ 1/2 Pkg. Weinstein-Backpulver
⟩ 1 Prise Salz

Backofen auf 160 °C vorheizen. Ein halbes Backblech (40 x 30 cm) oder eine Kastenform (20 x 15 cm) mit Backpapier auslegen.

Öl mit dem braunen Zucker etwas schaumig rühren. Alle trockenen Zutaten vermischen. Sojajoghurt und die restlichen Zutaten beifügen und in die vorbereitete Form füllen.

Bei 160 °C 25 Minuten backen. Anschließend auskühlen lassen und in Quadrate schneiden.

Achtung: Wenn die Brownies zu lange gebacken werden, sind sie nicht mehr speckig.

laktosefrei ✔ hefefrei ✔ vegan ✔

Dinkel-Vollkorn-Brownies

Die Walnüsse bei 180 °C ca. 10 Minuten rösten und anschließend hacken. Den Vollrohrzucker mit den Eiern, dem Vanillemark und dem Zitronenabrieb schaumig schlagen.

Butter schmelzen und Kuvertüre darin bei ca. 30 °C auflösen. Butter-Kuvertüre-Mischung unter die schaumig geschlagenen Eier rühren. Mehl, Walnüsse und Backpulver einrühren.

Das Blech mit einem Backrahmen und Backpapier auslegen.

Die Brownies nun ca. 25 Minuten bei 180 °C backen – so bleiben sie innen noch cremig.

laktosearm ✔ hefefrei ✔

12 – 16 Stück

Zubereitung: 40 Minuten
Backzeit: 25 Minuten

Zutaten
⟩ 250 g Vollrohrzucker
⟩ 3 Eier
⟩ 150 g Vollkorn-Dinkelmehl
⟩ 125 g Vollmilch-Kuvertüre
⟩ 125 g Butter
⟩ 1/2 TL Weinstein-Backpulver
⟩ 120 g geröstete, grob gehackte Walnüsse
⟩ Mark von 1/2 Bourbon-Vanilleschote
⟩ Etwas Abrieb von 1 Bio-Zitrone

Anis-Fenchel-Brot

1 kleiner Laib

Zubereitung: 80 Minuten
Backzeit: 60 Minuten

Zutaten
⟩ 350 g Vollkorn-Roggenmehl
⟩ 350 g Vollkorn-Dinkelmehl
⟩ 500 ml Bier
⟩ 1 EL Gerstenmalz
⟩ 1 EL Natron
⟩ 1 EL Joghurt
  (alternativ Sojajoghurt)
⟩ 1 TL ganzer Kümmel
⟩ 1 TL Fenchel
⟩ 1 TL Anis
⟩ Gehackte Kürbiskerne
⟩ 100 g ganze Walnüsse
⟩ 1 EL Salz

Backofen auf 180 °C vorheizen. Natron mit Mehl abmischen, reichlich Gewürze (Kümmel, Anis, gehackte Kürbiskerne, ganze Walnüsse) Gerstenmalz und Salz dazugeben. Mit der Flüssigkeit (Bier, Joghurt) zu einem glatten Teig kneten.

In eine Form (15 x 20 cm) füllen und bei 180 °C 60 Minuten backen.

laktosefrei ✔   vegan (wenn Sojajoghurt verwendet wird) ✔

Bananen-Dinkel-Brot

20 Stück

Zubereitung: 60 Minuten
Backzeit: 40 Minuten

Zutaten
⟩ 150 g Butter
⟩ 150 g Vollrohrzucker
⟩ 3 Eier
⟩ 600 g Bananen
⟩ 100 g geriebene Nüsse
⟩ 1/2 Pkg. Weinstein-Backpulver
⟩ 200 g Vollkorn-Dinkelmehl

Backofen auf 170 °C vorheizen. Backblech mit Backpapier belegen. Bananen schälen und mit einer Gabel zerdrücken. Weiche Butter mit dem Vollrohrzucker schaumig schlagen. Eier nach und nach einrühren. Mehl mit Backpulver vermischen und die restlichen Zutaten beifügen.

Masse gleichmäßig hoch auf das Backblech (40 x 30 cm) streichen und 40 Minuten bei 170 °C backen. Danach in Portionen schneiden.

laktosearm ✔   hefefrei ✔

Früchtebrot

Feigen, Pflaumen und Datteln kleinwürfelig schneiden. Früchte mit den Nüssen, Rum und Gewürzen in einer Schüssel vermischen und zugedeckt über Nacht ziehen lassen.

Milch lauwarm erwärmen, Germ darin auflösen. Mit Mehl, Salz und den Früchten vermischen und gut verkneten. Teig dritteln und drei runde Laibe formen. Backofen auf 170 °C vorheizen.

Laibe auf ein mit Backpapier belegtes Blech legen, mit Ei bestreichen und mit Mandeln belegen. Brote im Ofen (mittlere Schiene) ca. 45 Minuten bei 170 °C backen. Herausnehmen und abkühlen lassen.

laktosefrei ✔

3 Laibe

Zubereitung: 2 Stunden
Ruhen: 12 Stunden
Backzeit: 45 Minuten

Zutaten
⟩ 250 g Feigen
⟩ 125 g Datteln (ohne Kerne)
⟩ 250 g Dörrpflaumen (ohne Kerne)
⟩ 60 g Rosinen
⟩ 50 g Aranzini
⟩ 100 g ganze Nüsse (Mandeln, Haselnüsse, Walnüsse)
⟩ 80 g Rum
⟩ Je 1 gute Prise Zimt-, Piment-, Nelkenpulver
⟩ 125 ml Reismilch
⟩ 10 g Germ (Hefe)
⟩ 80 g Vollkorn-Roggenmehl
⟩ 1 Prise Salz

Garnitur
⟩ 1 Ei
⟩ Ca. 24 geschälte Mandeln

111

Kletzenbrot

9 kleine Brote (je 250 g)

Zubereitung: 60 Minuten
Ruhen: 2 Stunden
Backzeit: 40 Minuten

Zutaten

⟩ 750 g Kletzen
  (getrocknete Birnen)
⟩ 150 g getrocknete Feigen
⟩ 150 g Walnüsse
⟩ 150 g Rosinen
⟩ Abrieb von 1 Bio-Zitrone
⟩ 1 Pkg. Lebkuchengewürz
⟩ 1/2 TL Zimt
⟩ 1/2 TL Kardamom
⟩ 1 TL Brotgewürz
⟩ 1 TL Salz
⟩ 100 ml Rum
⟩ 100 ml Milch
⟩ 42 g Germ (Hefe)
⟩ 110 g Gerstenmalz
⟩ 500 g Vollkorn-Emmermehl
⟩ Mehl, Mandeln zum Belegen

Kletzen entstielen und mit Wasser bedeckt weich kochen (ca. 30 Minuten). Kletzen abseihen, Kochwasser aufheben. Rosinen waschen und abtropfen lassen.

Kletzen und Feigen klein schneiden, mit Nüssen, Rosinen, Gewürzen, Rum und 175 ml Kletzenwasser vermischen und ca. 2 Stunden ziehen lassen.

Milch auf 40 °C erwärmen, mit der Germ und 2 EL Gerstenmalz glatt rühren und mit wenig vom Mehl zu einem Dampfl (dickflüssigen Brei) rühren. Mit Mehl bestreuen und an einem warmen Ort aufgehen lassen (ca. 15 Minuten). Dampfl mit Mehl, der Fruchtmischung und dem restlichen Gerstenmalz kräftig verkneten.

Teig in 9 Portionen teilen, Striezel oder Laibe formen. Auf zwei mit Backpapier belegte Bleche legen. Oberfläche mit nassen Händen glatt streichen und mit Mandeln belegen. An einem warmen Ort mindestens 1 Stunde gehen lassen.

Ofen auf 160 °C vorheizen, Kletzenbrote darin (mittlere Schiene) ca. 40 Minuten backen.

Vanillereiskipferl mit Kokosblütenzucker

55 Stück

Zubereitung: 60 Minuten
Ruhen: 60 Minuten
Backzeit: 10 Minuten

Zutaten

⟩ 40 g Reismehl
⟩ 60 g geriebene Mandeln
⟩ 60 g geriebene Walnüsse
⟩ 60 g Butter
⟩ 50 g Kokosblütenzucker
⟩ 2 EL Mandellikör
  (alternativ für Kinder: Wasser)
⟩ Mark von
  1 Bourbon-Vanilleschote
⟩ 50 g Kokosblütenzucker
  zum Bestreuen

Reismehl, Mandeln, Nüsse, Butter, Kokosblütenzucker, Mandellikör und die Hälfte des Vanillemarks zu einem glatten Teig kneten und mindestens 60 Minuten im Kühlschrank rasten lassen (oder über Nacht). Aus dem Kühlschrank nehmen, etwas warm werden lassen, damit sich der Teig leichter kneten lässt und abermals durchkneten.

Backofen auf 180 °C vorheizen. Den Teig zu einer 2 cm dicken Rolle formen. Gleich dicke Scheiben herunterschneiden und Kipferl formen. Ein Backblech mit Backpapier belegen und die Kipferl darauf legen. Im Backofen bei 180 °C ca. 10 Minuten backen.

Kokosblütenzucker im Mörser ganz fein zerstoßen und mit der zweiten Hälfte des ausgekratzten Vanillemarks vermischen. Über die noch warmen Kipferl sieben.

laktosearm ✔ glutenfrei ✔ hefefrei ✔

Aromatische Mandel-Kürbiskernkipferl

Alle Zutaten zu einem glatten Teig kneten und mindestens 60 Minuten im Kühlschrank rasten lassen (oder über Nacht). Aus dem Kühlschrank nehmen und etwas warm werden lassen, damit sich der Teig leichter kneten lässt. Anschließend abermals durchkneten.

Den Teig zu einer 2 cm dicken Rolle formen, gleich dicke Scheiben herunterschneiden und Kipferl formen. Ein Backblech mit Backpapier belegen und die Kipferl darauf legen. Im vorgeheizten Backofen bei 160 °C ca. 10 Minuten backen.

laktosearm ✔ glutenfrei ✔ hefefrei ✔

50 Stück

Zubereitung: 60 Minuten
Ruhen: 60 Minuten
Backzeit: 10 Minuten

Zutaten
⟩ 40 g Reismehl
⟩ 60 g geriebene Mandeln
⟩ 60 g geriebene Kürbiskerne
⟩ 60 g Butter
⟩ 50 g Kokosblütenzucker
⟩ 1 Prise Zimt
⟩ 1 Prise Piment
⟩ 2 EL Rum (alternativ für Kinder: Reismilch oder Wasser)

115

Zimtauflauf mit Preiselbeerfeigen

4 Portionen

Zubereitung: 45 Minuten
Backzeit: 40 Minuten

Zutaten

⟩ 50 g Vollmilch-Kuvertüre
⟩ 25 g weiße Kuvertüre
⟩ 3 Eier
⟩ 50 g weiche Butter
⟩ 25 g Vollrohrzucker
⟩ 1 gestrichener TL Zimt (2 g)
⟩ 1 Prise geriebene Muskatnuss
⟩ 1 Prise gemahlene Nelken
⟩ Mark von
   1/2 Bourbon-Vanilleschote
⟩ 25 g Vollrohrzucker
⟩ 50 g geriebene Walnüsse
   oder Haselnüsse
⟩ 40 g Dinkelsemmelbrösel
⟩ 10 g Dinkelsemmelbrösel
   für die Formen

Weiße Schokosauce

⟩ 75 g weiße Kuvertüre
⟩ 30 ml Wasser
⟩ 1 Prise gemahlener Piment

Preiselbeerfeigen

⟩ 3 frische Feigen
⟩ 3 EL Preiselbeerkompott

Für die Preiselbeerfeigen die Feigen schälen und in Spalten schneiden. Feigen kurz darin anbraten. Preiselbeerkompott untermischen, Feigen vom Herd nehmen und abkühlen lassen.

Darioleformen (Metallförmchen, Inhalt ca. 125 ml) mit Butter ausstreichen und mit Dinkelsemmelbröseln ausstreuen. Backofen auf 160 °C vorheizen. Eine große, tiefe Bratenpfanne oder ein tiefes Blech in den Ofen stellen (untere Schiene) und ca. 2 Finger hoch mit heißem Wasser befüllen.

Für den Auflauf Vollmilch-Kuvertüre in Stücke schneiden, im Wasserbad (max. 37 °C) schmelzen. Weiße Kuvertüre klein hacken. Eier in Eidotter (Eigelb) und Eiklar (Eiweiß) trennen.

Butter mit 25 g Vollrohrzucker, Vollmilch-Kuvertüre, Zimt, Vanillemark, Muskat und Nelken schaumig rühren. Nach und nach Dotter zugeben und gut unterrühren.

Eiklar mit 25 g Vollrohrzucker cremig schlagen. Eischnee abwechselnd mit Nüssen, Bröseln und weißer Kuvertüre unter den Butterabtrieb heben. Masse in die vorbereiteten Formen füllen. Formen ins Wasserbad im Ofen stellen und die Aufläufe ca. 40 Minuten backen.

Für die Sauce weiße Kuvertüre hacken. Wasser aufkochen lassen, vom Herd nehmen, Kuvertüre und Piment einrühren und unter Rühren auflösen. Aufläufe aus dem Ofen nehmen, auf Teller stürzen und rasch mit der Sauce und den Preiselbeerfeigen servieren.

hefefrei ✔

Mohn-Reismehl-Taler mit Pariser Creme

30 Stück

Zubereitung: 40 Minuten
Ruhen: 60 Minuten
Backzeit: 10 Minuten

Zutaten
⟩ 40 g Reismehl
⟩ 60 g geriebene Mandeln
⟩ 60 g gemahlener Mohn
⟩ 60 g Butter
⟩ 50 g Kokosblütenzucker
⟩ Abrieb von 1 Bio-Zitrone
⟩ 1 Prise Piment
⟩ 2 EL Amaretto

Pariser Creme
⟩ 250 g Schlagobers (Sahne) oder Sojamilch
⟩ 250 g dunkle Kuvertüre

Alle Zutaten zu einem glatten Teig kneten und mindestens eine Stunde im Kühlschrank rasten lassen (oder über Nacht). Aus dem Kühlschrank nehmen, etwas warm werden lassen, damit sich der Teig leichter kneten lässt, anschließend abermals durchkneten.

Backofen auf 180 °C vorheizen.

Die Arbeitsfläche mit Reismehl bestauben und den Teig 3 mm dick ausrollen. Runde Kreise mit ca. 3 cm Ø ausstechen. Auf ein Backblech mit Backpapier setzen. Nun die Kekse bei 180 °C ca. 10 Minuten backen. Auskühlen lassen und nach Belieben mit Pariser Creme oder Marmelade füllen.

Tipp: Wer nicht so gerne ausrollt, kann auch eine Rolle (2 cm Ø) formen, diese kühlen und sie gekühlt in Scheiben schneiden und auf das Backblech setzen.

Für die Pariser Creme Kuvertüre in kleine Stücke hacken. Schlagobers (Sojamilch) aufkochen lassen und von der Herdplatte nehmen. Nun die Kuvertüre darin auflösen. Auskühlen lassen und mit der Hand oder besser mit einem Mixer aufschlagen.

Danach in einen Dressiersack füllen und auf die Kekse dressieren oder mit einem kleinen Messer die Pariser Creme darauf verteilen und die Kekse damit zusammensetzen.

laktosearm (mit Sojamilch) ✔ glutenfrei ✔ hefefrei ✔

Weihnachtskekse

Butter mit Kokosblütenzucker verrühren. Mehl und Eier einarbeiten und rasch zu einem Teig verkneten. Anschließend 60 Minuten im Kühlschrank rasten lassen, danach den Teig ausrollen, Kekse ausstechen und im vorgeheizten Backofen bei 180 °C ca. 10 Minuten backen.

laktosearm ✔   hefefrei ✔

60 Stück

Zubereitung: 20 Minuten
Ruhen: 60 Minuten
Backzeit: 10 Minuten

Zutaten

⟩ 250 g Butter
⟩ 375 g Vollkorn-Dinkelmehl
⟩ 2 Eier
⟩ 100 g Kokosblütenzucker

Lebkuchenauflauf

6 Portionen

Zubereitung: 45 Minuten
Backzeit: 45 Minuten

Zutaten

⟩ 50 g klein geschnittene
  Vollmilch-Kuvertüre
⟩ 3 mittelgroße Eier
⟩ 50 g weiche Butter
⟩ Mark von
  1/2 Bourbon-Vanilleschote
⟩ 50 g Kokosblütenzucker
⟩ 50 g geriebene Walnüsse
⟩ 40 g geriebene
  Lebkuchenbrösel
⟩ 1 Prise Salz
⟩ 1 TL Lebkuchengewürz

Für die Formen

⟩ 1 Handvoll geriebene Nüsse
⟩ 2 EL geschmolzene Butter

Apfelgarnitur

⟩ 1 großer Apfel
⟩ 1 Stück Zimtrinde
⟩ 60 g Preiselbeerkompott

Für die Apfelgarnitur Apfel schälen, Kerngehäuse entfernen. Ein Viertel in 6 Spalten schneiden, übrigen Apfel in 1 cm große Stücke schneiden.

Ca. 200 ml Wasser und Zimt aufkochen lassen. Spalten zugeben, aufkochen lassen und herausheben. Apfelstücke zugeben und aufkochen lassen. Kurz ziehen lassen, herausheben, abtropfen lassen und Preiselbeerkompott unterrühren.

Für den Lebkuchenauflauf Auflaufförmchen (Inhalt 125 ml) mit geschmolzener Butter ausstreichen und mit den geriebenen Nüssen ausstreuen.

Kuvertüre im Wasserbad schmelzen. Eier in Eidotter (Eigelb) und Eiklar (Eiweiß) trennen. Butter mit dem Vanillemark und der Hälfte des Kokosblütenzuckers, der Kuvertüre, einer Prise Salz und dem Lebkuchengewürz gut schaumig schlagen (Küchenmaschine Stufe 5, Handmixer 10 Minuten). Dotter nach und nach zugeben. Ofen auf 160 °C vorheizen.

Eiklar mit dem restlichen Kokosblütenzucker zu cremigem Schnee schlagen. Schnee, Nüsse und Lebkuchenbrösel abwechselnd unter die Schokomasse heben. Masse in die Förmchen füllen.

Förmchen auf ein Backblech mit hohem Rand stellen und so viel kochendes Wasser zugießen, dass sie zur Hälfte im Wasserbad stehen. Aufläufe im Ofen (untere Schiene/Gitterrost) 45 Minuten garen. Herausnehmen und mit der Apfelgarnitur servieren.

hefefrei ✔

120

Haferflocken-Busserln

34 Stück (2,5 cm Ø)

Zubereitung: 40 Minuten
Backzeit: 15 Minuten

Zutaten
) 100 g Gerstenmalz
) 100 g Vollrübenzucker
) 250 g Butter
) 220 g Vollkorn-Dinkelmehl
) Etwas Abrieb von 1 Bio-Zitrone
) 1 Ei
) Mark von
  1 Bourbon-Vanilleschote
) 125 g Haferflocken
) 75 g Kokosette

Butter mit Vollrübenzucker und Vanillemark schaumig schlagen. Ei dazugeben und kurz weiter schlagen. Etwas Zitronenabrieb untermischen.

Alle anderen Zutaten einrühren und mit einem Löffel Busserln (kleine Häufchen) auf das Backblech setzen. Bei 180 °C 15 Minuten backen.

laktosearm ✔ hefefrei ✔

Pikante Buchweizencracker

100 Stück

Zubereitung: 45 Minuten
Backzeit: 10–15 Minuten

Zutaten
) 350 g Buchweizenmehl
) 70 g Reismalz
) 180 ml Reismilch
) 3 EL Olivenöl
) Etwas Abrieb von 1 Bio-Zitrone
) 1 Prise Salz

Alle Zutaten zu einem Teig kneten und diesen etwas rasten lassen. Dann den sehr weichen Teig ausrollen und mit Buchweizenmehl oder Stärke stauben. Cracker ausstechen oder Teig in Stangen schneiden. Auf das Backblech legen und bei 180 °C 10–15 Minuten goldbraun backen.

Tipp: Vor dem Backen mit Ei bestreichen und mit Mohn, Sesam, Pinienkernen oder Salz bestreuen.

laktosefrei ✔ glutenfrei ✔ hefefrei ✔ vegan ✔

Trockenfrüchte-Dinkeltaler

Butter, Eier, Kokosblütenzucker, Vollkorn-Dinkelmehl und Zitronenabrieb rasch zu einem Teig kneten. Den fertigen Teig mit Klarsichtfolie umhüllen und ca. 30 Minuten im Kühlschrank rasten lassen.

Inzwischen für die Fülle die Feigen klein schneiden und mit den übrigen Zutaten vermischen. So lange verkneten, bis eine formbare Masse entsteht. Falls nötig, etwas Vollkornmehl dazugeben und zu einer Rolle formen.

Den Mürbteig 4 mm dick ausrollen und mit etwas Sojamilch bestreichen, die Früchterolle drauflegen und mit Teig umhüllen. Fest zusammenrollen und ca. 30 Minuten in den Tiefkühlschrank legen.

Backofen auf 180 °C vorheizen. Die angefrorene Rolle in 3 mm dicke Scheiben schneiden, nebeneinander auf ein mit Trennpapier belegtes Backblech legen und mit Birnensüße bestreichen. Im Backofen auf der mittleren Schiene ca. 12 Minuten backen.

laktosearm ✔ hefefrei ✔

50 Stück

Zubereitung: 80 Minuten
Kühlen: 60 Minuten
Backzeit: 12 Minuten

Zutaten
〉 250 g Butter
〉 375 g Vollkorn-Dinkelmehl
〉 Etwas Abrieb von 1 Bio-Zitrone
〉 2 Eier
〉 100 g Kokosblütenzucker

Fülle
〉 50 g getrocknete Feigen
〉 200 g geriebene Haselnüsse
〉 50 g in Rum eingelegte Rosinen
〉 50 g Aranzini
〉 50 g Zitronat
〉 40 g Birnensüße
〉 1 TL gemahlener Zimt
〉 Etwas Mark von
  1 Bourbon-Vanilleschote
〉 1 Prise Lebkuchengewürz
〉 2–3 EL Sojamilch
〉 50 g Bio-Rohmarzipan
  mit Rohrzucker
〉 1 EL Cointreau
〉 1 EL Rum

Garnitur
〉 4 EL Birnensüße

Bratapfel mit Schoko-Ingwer-Sauce

4 Portionen

Zubereitung: 20 Minuten

Zutaten
) 4 mittelgroße Äpfel
  (z. B. Jonagold, Elstar)
) 100 g Sonnenblumenöl

Schoko-Ingwer-Sauce
) 10 g frischer Ingwer
) 250 ml Schlagobers (Sahne)
  oder Reismilch
) 200 g grob gehackte
  dunkle Kuvertüre

Für die Schoko-Ingwer-Sauce Ingwer schälen und klein schneiden. Obers aufkochen lassen und Ingwer ca. 15 Minuten darin ziehen lassen. Obers abseihen, nochmals erhitzen und Kuvertüre darin unter Rühren auflösen. Sauce vom Herd nehmen.

Äpfel schälen, Kerngehäuse ausstechen. Äpfel in 1 cm dicke Scheiben schneiden und in Sonnenblumenöl beidseitig so lange goldgelb braten, bis die Apfelscheiben bissfest sind. Apfelscheiben auf Küchenpapier abtropfen lassen und mit der Sauce servieren.

glutenfrei ✔ hefefrei ✔ vegan, laktosefrei (mit Reismich statt Schlagobers) ✔

Zimt-Rosinen-Cookies

55 Stück

Zubereitung: 40 Minuten
Backzeit: 17 Minuten

Zutaten

⟩ 125 g Butter
⟩ 225 g Vollrohrzucker
⟩ Mark von
  1 Bourbon-Vanilleschote
⟩ 2 Eier
⟩ 1 TL gemahlener Zimt
⟩ 1/2 Pkg. Weinstein-Backpulver
⟩ 140 g Haferflocken
⟩ 240 g frisch
  gemahlenes Hafermehl
⟩ 120 g Rosinen

Leicht angewärmte Butter mit dem Vollrohrzucker, der ausgekratzten Vanilleschote und dem gemahlenen Zimt schaumig schlagen.

Backofen auf 160 °C vorheizen.

Mehl mit Backpulver und Haferflocken vermischen. Die Eier zur schaumig geschlagenen Butter dazugeben und noch mal kurz durchrühren. Alle trockenen Zutaten vermischen und in den Butterabtrieb einrühren.

Backblech mit Backpapier belegen, die Masse mit einem Teelöffel auf das Papier bringen und etwas auseinander drücken.

laktosearm ✔ glutenarm ✔ hefefrei ✔

Hafer-Dörrpflaumen-Cookies mit Ananas-Salbei

Backofen auf 170 °C vorheizen. Leicht angewärmte Butter mit dem Vollrohrzucker und der ausgekratzten Vanilleschote schaumig schlagen. Ahornsirup und Ei dazugeben und noch mal kurz durchrühren. Alle trockenen Zutaten vermischen und in den Butterabtrieb einrühren.

Backblech mit Backpapier belegen, die Masse mit einem Teelöffel auf das Papier bringen und etwas auseinander drücken. 20 Minuten bei 170 °C backen.

laktosearm✔ glutenarm ✔ hefefrei ✔

50 Stück (5 cm Ø)

Zubereitung: 50 Minuten
Backzeit: 20 Minuten

Zutaten
- 150 g Ahornsirup
- 100 g Vollrohrzucker
- 250 g Butter
- 370 g Haferschrot (Hafer in der Getreidemühle auf mittlerer Stufe gemahlen)
- 1 Ei
- Mark von 1 Bourbon-Vanilleschote
- 125 g kleine geschnittene Dörrpflaumen
- 100 g Sesam
- 1 TL frisch gehackter Ananas-Salbei

Schoko-Dinkel-Cookies mit Pinienkernen

50 Stück

Zubereitung: 50 Minuten
Backzeit: 15 Minuten

Zutaten
⟩ 100 g geriebene Haselnüsse
⟩ 50 g Pinienkerne
⟩ 1/2 TL Orangenthymian
⟩ 1 Prise Salz
⟩ 250 g dunkle Kuvertüre
⟩ 120 g Vollrohrzucker
⟩ 60 g Kakaopulver
⟩ 175 g Vollkorn-Einkornmehl
⟩ 1 Ei
⟩ 150 g Olivenöl
⟩ 5 EL Reismilch

Alle trockenen Zutaten vermischen. Öl, Ei und Reismilch mit dem Stabmixer pürieren und gut durchmixen. Mit den trockenen Zutaten vermischen und portionsweise auf das vorbereitete Blech geben.

Die Cookies bei 160 °C 15 Minuten backen.

laktosefrei ✔ hefefrei ✔

Würzige Schoko-Hafer-Dinkel-Cookies

Kuvertüre fein hacken und mit den trockenen Zutaten vermischen. Öl, Ei und Gerstenmalz mit einem Stabmixer kurz aufmixen und mit den trockenen Zutaten zu einem Teig mischen.

Mit 2 Teelöffeln kleine Portionen auf ein Backpapier geben (ca. 16 Stück pro Blech). Mit einer Gabel oder mit leicht feuchten Fingern etwas flach drücken und bei 160 °C 15 Minuten backen.

hefefrei ✔

55 Stück (3 cm Ø)

Zubereitung: 50 Minuten
Backzeit: 15 Minuten

Zutaten
⟩ 150 g weiße Kuvertüre
⟩ 100 g dunkle Kuvertüre
⟩ 150 ml Pistazienöl
  (oder Sonnenblumenöl)
⟩ 1 Ei
⟩ 50 ml Reismilch
⟩ 130 g Gerstenmalz
⟩ Frisch gemahlener Chili
  (aus der Mühle)
⟩ 1 TL gemahlener Piment
⟩ 175 g Vollkorn-Dinkelmehl
⟩ 150 g geschroteter Hafer
⟩ 1/2 Pkg. Weinstein-Backpulver

Cranberry-Erdnuss-Cookies

55 Stück

Zubereitung: 50 Minuten
Backzeit: 15 Minuten

Zutaten

〉 175 g Buchweizenmehl
〉 100 g Buchweizenflocken
〉 150 g Erdnüsse
〉 150 g Cranberrys
〉 Mark von
  1/2 Bourbon-Vanilleschote
〉 120 g Reismalz
〉 Oregano, Kardamom
〉 Abrieb von 1 Bio-Orange
〉 150 g Öl
〉 1 TL Erdnussbutter
〉 3 EL Reismilch

Alle trockenen Zutaten vermischen. Öl, Ei, Reismilch und Erdnussbutter mit dem Stabmixer pürieren und gut durchmixen.

Mit den trockenen Zutaten vermengen und portionsweise auf das vorbereitete Blech geben.

Die Cookies bei 160 °C 15 Minuten backen.

laktosefrei ✔ glutenfrei ✔ hefefrei ✔ vegan ✔

Ulli Goschler im Kneipp-Verlag

Ulli Goschler
Grünes Eiweiß
60 vegane und vegetarische Rezepte
mit Hülsenfrüchten, Pilzen, Getreide und Nüssen

132 Seiten, farbig, Hardcover
ISBN 978-3-7088-0593-1
EUR 17,99

Der Wunsch nach einer Reduktion unseres Fleischkonsums wächst. Aber wie kann man sich dann mit ausreichend Eiweiß versorgen? In diesem Kochbuch stellt Ernährungsberaterin und Bestsellerautorin Ulli Goschler eine Vielzahl von köstlichen Rezepten vor, die ohne Fleisch auskommen und dennoch einen hohen Eiweißgehalt aufweisen. Sie kocht mit Linsen, Bohnen, Kichererbsen, Quinoa, Einkorn, Amarant, Tofu, Pilzen, Samen und Nüssen. Außerdem gibt es eine ausführliche Beschreibung der wertvollen Grundzutaten, Tipps zur Verarbeitung und viele ernährungsphysiologische Informationen rund ums Thema. Entdecken Sie mehr als 60 vegetarische und vegane, einfach nachzukochende und kulinarisch anregende Rezepte, die für reichlich Protein sorgen.

www.kneippverlag.com

Ulli Goschler im Kneipp-Verlag

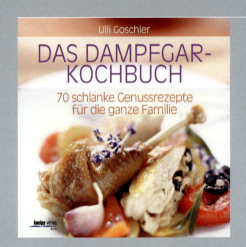

Ulli Goschler
Das Dampfgar-Kochbuch
70 schlanke Genussrezepte für die ganze Familie

120 Seiten, farbig, Softcover
ISBN 978-3-7088-0574-0
EUR 12,99

Dampfgaren liegt inzwischen voll im Trend und wird sich langfristig genauso wie die Mikrowelle etablieren. Ulli Goschlers Bestseller-Kochbuch liefert zahlreiche Rezeptideen für Menüs, die komplett aus dem Dampfgarer kommen. Aus dem Inhalt: Was bedeutet schlanke Küche und wie bereitet man Speisen kalorienarm zu? Welche Nahrungsmittel eignen sich besonders für den Dampfgarer? Was bedeutet Combi-Dämpfen und welche Gerichte kann man damit zubereiten? 70 erprobte Rezepte von Suppen, Eintöpfe, über Fisch & Fleisch, Beilagen, Desserts bis Säfte und Eingemachtes. Jetzt im handlichen Sonderformat!

Ulli Goschler, Anita Frauwallner
Kochen für einen gesunden Darm

132 Seiten, farbig, Hardcover
ISBN 978-3-7088-0580-1
EUR 17,99

In diesem Koch- und Gesundheitsbuch zeigen Darmgesundheitsexpertin Mag. Anita Frauwallner und Ernährungsberaterin Ulli Goschler, wie genussvolles Essen unsere Darmgesundheit erhalten und sogar verbessern kann. Mehr als 50 kreative, schmackhafte und einfach nachzukochende Rezepte und stärkende Gerichte bei Verstopfung, Durchfall oder Darmträgheit – gluten-, laktosefrei oder histaminarm.

www.kneippverlag.com